A INTANGIBILIDADE
DOS DIREITOS TRABALHISTAS

ANA CRISTINA COSTA MEIRELES
Procuradora do Estado (BA). Advogada. Mestre em Direito (UFBA). Autora de livros e diversos artigos jurídicos.

EDILTON MEIRELES
Desembargador integrante do TRT da 5ª Região (Bahia). Mestre e Doutor em Direito (PUC/SP). Professor da Universidade Federal da Bahia (UFBA). Professor Pesquisador da Universidade Católica do Salvador (UCSal). Autor de diversos livros.

A INTANGIBILIDADE DOS DIREITOS TRABALHISTAS

EDITORA LTr
SÃO PAULO

Dados Internacionais de Catalogação na Publicação (CIP)
(Câmara Brasileira do Livro, SP, Brasil)

Meireles, Ana Cristina Costa
A intangibilidade dos direitos trabalhistas / Ana Cristina Costa Meireles, Edilton Meireles. — São Paulo : LTr, 2009.

Bibliografia
ISBN 978-85-361-1329-6

1. Contratos de trabalho 2. Direito do Trabalho 3. Direito Social I. Meireles, Edilton. II. Título

09-00284
CDU - 34:331.155

Índices para catálogo sistemático:

1. Intangibilidade : Direito do Trabalho
34:331.155

Editoração Eletrônica: **ALINE M. CIRÍACO**
Capa: **ELIANA C. COSTA**
Impressão: **COMETA GRÁFICA E EDITORA**

© Todos os direitos reservados

LTr

EDITORA LTDA.

Rua Apa, 165 — CEP 01201-904 — Fone (11) 3826-2788 — Fax (11) 3826-9180
São Paulo, SP — Brasil — www.ltr.com.br

LTr 3820.7
Maio, 2009

Dedicamos este livro aos nossos filhos, Carolina e André, que nos fazem sentir que a possibilidade de amar é como a do saber: infinita.

ÍNDICE

INTRODUÇÃO 11

PARTE I
DIREITOS DOS TRABALHADORES COMO DIREITOS SOCIAIS

Capítulo 1. Surgimento dos Direitos Humanos e dos Direitos Sociais 15

    1.1. Os Direitos Humanos. Evolução 15

    1.2. Direitos Sociais. Surgimento 16

    1.3. Do Princípio do Não-Retrocesso Social 19

Capítulo 2. Direitos Sociais e o Direito do Trabalho 23

    2.1. Surgimento do Direito do Trabalho 23

        2.1.1. Considerações Gerais 23

        2.1.2. Formação e Consolidação do Direito do Trabalho 23

    2.2. Surgimento do Direito do Trabalho no Brasil 28

    2.3. Direitos dos Trabalhadores como Direitos Sociais 31

Capítulo 3. Da Fundamentalidade dos Direitos Sociais 36

    3.1. Direitos Sociais e Direitos do Estado Liberal 36

    3.2. Da Fundamentalidade dos Direitos dos Trabalhadores 40

    3.3. Da Força Normativa do Preâmbulo 40

Capítulo 4. Direitos Fundamentais e Interpretação 42

    4.1. Uma Nova Concepção de Ordenamento Jurídico 42

    4.2. Uma Nova Concepção de Hermenêutica 43

    4.3. As Teorias de Direitos Fundamentais e da sua Relevância Interpretativa 48

        4.3.1. A Teoria Liberal dos Direitos Fundamentais 48

4.3.2. A Teoria Institucional dos Direitos Fundamentais 50

4.3.3. A Teoria dos Valores 51

PARTE II

PRIMEIRA QUESTÃO: ALCANCE DO ART. 60, § 4º, IV DA CONSTITUIÇÃO FEDERAL

Capítulo 1. Alcance do art. 60, § 4º, IV da Constituição Federal 57

PARTE IIII

SEGUNDA QUESTÃO: A AUTONOMIA PRIVADA E A IRRENUNCIABILIDADE DOS DIREITOS TRABALHISTAS

Capítulo 1. Da Autonomia Privada Liberal aos Postulados de um Estado de Bem-Estar Social 65

1.1. Considerações Gerais 65

1.2. Da Autonomia Privada no Estado Social 65

Capítulo 2. Princípios de Direito Individual do Trabalho 74

2.1. Considerações Gerais 74

2.2. Princípio da Proteção 75

2.3. Princípio da Irrenunciabilidade (ou da Indisponibilidade dos Direitos trabalhistas) 79

2.4. Princípio da Primazia da Realidade 81

2.5. Princípio do Não-Retrocesso Social 82

Capítulo 3. Renúncia e Remissão da Dívida no Direito do Trabalho 83

3.1. Renúncia e Remissão. Definições 83

3.2. Intangibilidade dos Direitos Trabalhistas pela Via Individual 85

3.3. Transação no Direito do Trabalho 86

3.4. Conciliação no Processo do Trabalho 88

PARTE IV

TERCEIRA QUESTÃO: A AUTONOMIA PRIVADA COLETIVA E OS DIREITOS TRABALHISTAS

Capítulo 1. Autonomia Privada Coletiva 93

    1.1. Definição e Limites 93

Capítulo 2. Princípios Regentes do Direito Coletivo do Trabalho 99

    2.1. Introdução 99

    2.2. Princípio da Criatividade Jurídica da Negociação Coletiva. O Poder Normativo das Entidades Sindicais. 99

    2.3. Princípio da Adequação Setorial Negociada 102

Capítulo 3. Renúncia e Transação Através da Negociação Coletiva 105

    3.1. Renúncia e Transação Coletiva 105

    3.2. Das Exceções ao Princípio do Não-Retrocesso (A Flexibilização das Normas Trabalhistas) através da Negociação Coletiva 107

        3.2.1. Da Possibilidade de Redução dos Salários 107

        3.2.2. Aumento da Jornada 109

        3.2.3. Compensação de Jornada 111

        3.2.4. Intervalo Intrajornada 112

        3.2.5. Opção pelo Contrato Parcial 112

        3.2.6. Suspensão Contratual para Qualificação Profissional 113

    3.3. Inversão do Princípio da Inderrogabilidade da Lei por Norma Coletiva? 113

    3.4. Autonomia Coletiva em Face dos Direitos Previstos em Normas Coletivas 116

        3.4.1. Da Incorporação ou não dos Direitos Trabalhistas Assegurados por Norma Coletiva 116

Conclusão 119

Bibliografia 123

INTRODUÇÃO

O tema escolhido para o presente trabalho refere-se à intangibilidade dos direitos trabalhistas e, no seu encaminhamento, procuraremos, ao longo da exposição, responder a três questionamentos.

O primeiro deles se refere à possibilidade ou não do poder constituído emendar a Constituição no que diz respeito aos direitos trabalhistas nela encartados. Assim, para responder a tal questionamento, far-se-á necessário abordar a extensão da vedação do poder de emenda contida no inciso IV do § 4º do art. 60 da Constituição Federal, averiguando se tal vedação também engloba os direitos sociais e, como tais, os direitos trabalhistas assegurados na Constituição.

O segundo questionamento proposto por esse trabalho se refere à possibilidade do trabalhador poder renunciar direitos trabalhistas ou transacioná-los, utilizando-se, para tanto, da sua autonomia individual.

A terceira questão diz respeito aos limites e possibilidades da negociação coletiva em face das demais normas garantidoras de direitos aos trabalhadores.

Para chegar às conclusões sobre os três questionamentos propostos, todos relacionados à tangibilidade dos direitos trabalhistas, será necessário que se faça algumas considerações preliminares acerca do surgimentos dos direitos humanos e sociais, da evolução do constitucionalismo, inclusive no Brasil, das mudanças de concepções em torno do ordenamento jurídico visto como sistema e, por fim, das modificações na postura hermenêutica, inclusive perante as normas constitucionais.

Por tal motivo, o trabalho será dividido em quatro partes. Na primeira delas, com um total de quatro capítulos, serão estabelecidas algumas premissas gerais sobre os direitos dos trabalhadores como direitos sociais, dando-se um panorama do contexto de inserção dos direitos sociais, passando pelos direitos humanos e sua evolução (Capítulo I), pelo surgimento e caracterização do direito do trabalho como direito social (Capítulo II), fundamentalidade dos direitos sociais (Capítulo III) e, no Capítulo IV, pelas novas concepções acerca de normas e interpretação jurídica diante da inserção de direitos fundamentais próprios de um Estado de Bem-Estar Social.

Tais abordagens prestar-se-ão a semear o terreno no qual plantaremos a semente da ideias desenvolvidas nas Partes II, III e IV, quando enfrentaremos, mais diretamente, as questões antes mencionadas e revelaremos as conclusões acerca das mesmas.

Se na Parte I, procuraremos buscar tais fundamentos mediante uma abordagem jurídica geral, nas Partes II, III e IV teremos por objetivo dar um enfoque mais específico ligado ao direito do trabalho e do nosso ordenamento jurídico pátrio laboral.

Assim é que, na Parte II, constituída de apenas um capítulo, indicaremos as conclusões acerca do entendimento a ser firmado em torno da vedação de emenda decorrente da norma do inciso IV do § 4º do art. 60 da Constituição Federal em relação aos direitos sociais.

Na Parte III, que será desenvolvida em três capítulos, após traçar algumas considerações sobre a autonomia privada desde a época do liberalismo até o mundo atual, indicaremos os princípios do Direito do Trabalho mais unanimemente aceitos pela doutrina e abordaremos, enfim, como encarar a renúncia e transação de direitos trabalhistas por parte do trabalhador.

Por fim, na Parte IV, enfocaremos os limites da negociação coletiva e da hoje tão propalada flexibilização dos direitos trabalhistas, o que será levado a cabo em três capítulos nos quais se abordará o que se deve entender por autonomia privada coletiva, quais os princípios da negociação coletiva e, finalmente, como analisar a renúncia e a transação dos direitos dos trabalhadores por meio da negociação coletiva.

Longe de esgotar a matéria sobre a qual nos proporemos a discorrer, procuraremos dar alguma contribuição à reflexão do que se vem fazendo acerca dos direitos do trabalhador por meio de emendas, normas infraconstitucionais ou decisões que, ao invés de cristalizar o tão buscado Estado Social instaurado pela Constituição, só vem a ruir as bases em que tem que se assentar.

A contribuição é modesta; porém o desejo de com ela fazer a parte que nos incumbe numa sociedade aberta e plural é enorme; a incerteza do futuro é inevitável; a certeza, no entanto, de que a pequena parte de cada um pode mudar os rumos do nosso país, faz-nos continuar a tarefa e dela jamais desistir, não obstante os constantes obstáculos verificados.

PARTE I

DIREITOS DOS TRABALHADORES COMO DIREITOS SOCIAIS

Capítulo 1

SURGIMENTO DOS DIREITOS HUMANOS E DOS DIREITOS SOCIAIS

1.1. OS DIREITOS HUMANOS — EVOLUÇÃO

Não se poderia falar de tema relacionado aos direitos sociais — e os trabalhistas os são — sem, antes, fazer uma exposição, ainda que breve, do contexto de surgimento dos mesmos, da sua evolução e, enfim, do panorama atual em que se encontram inseridos.

Falar de direitos sociais nos conclama a tratar daqueles considerados como direitos humanos e estes, nas lições de *Norberto Bobbio*, são os que nascem de modo gradual em face das circunstâncias que se vão apresentando[1]. Assim, a liberdade religiosa é consequência das guerras de religião; as liberdades civis, da luta dos parlamentos contra o absolutismo; a liberdade política e social, do crescimento e amadurecimento do movimento dos trabalhadores assalariados[2].

É sob essa perspectiva, pois, que se fala em "gerações" ou "dimensões" de direitos: nascimento gradativo a depender das circunstâncias histórico-culturais da sociedade e das necessidades que esta reclama.

A doutrina aponta como direitos de primeira geração os relativos à liberdade, ou os assim chamados de direitos de defesa (direito a um não agir de outrem). São direitos de cunho negativo e *"demarcam uma zona de não-intervenção do Estado e uma esfera de autonomia individual em face de seu poder"*[3]; de segunda geração, os direitos sociais ou direitos a uma ação positiva do Estado; os de terceira geração que, segundo *Bobbio*, ainda se trata de categoria heterogênea e vaga[4], seriam os direitos cujos sujeitos não são os indivíduos e sim, os grupos humanos, como a família, o povo, a nação e a humanidade[5].

Estes últimos têm sido caracterizados pela titularidade coletiva e difusa. Menciona-se, precipuamente, o direito ao desenvolvimento, à paz, ao meio

---

[1] *A Era dos Direitos*. p. 5.
[2] *Ibidem*, mesma página.
[3] SARLET, Ingo Wolfgang. *Eficácia dos Direitos Fundamentais* p. 50.
[4] BOBBIO, Norberto. *Op. cit.*, p. 6.
[5] LAFER, Celso. *A Reconstrução dos Direitos Humanos*. p. 131, e BOBBIO, Norberto. *Op. cit.*, p. 12.

ambiente, de comunicação ou de propriedade sobre o patrimônio comum da humanidade[6].

Fala-se, ainda, em direitos de quarta geração, que, segundo a sua concepção, seriam aqueles *"referentes aos efeitos cada vez mais traumáticos da pesquisa biológica, que permitirá manipulações do patrimônio genético de cada indivíduo"*[7].

Tal concepção, no entanto, não é unânime. *Paulo Bonavides*, por exemplo, entende que a *"globalização política na esfera da normatividade jurídica introduz os direitos de quarta geração, que, aliás, correspondem à derradeira fase de institucionalização do Estado social"*[8].

Muitos autores têm preferido a utilização da denominação "dimensão" em lugar de "geração", haja vista a ideia que esta última denominação pode dar de substitutividade de direitos por outros o que, de forma alguma, ocorre com os direitos humanos.

Os direitos que vão surgindo vêm a atender novas necessidades que se vão fazendo presentes na sociedade, o que não significa que os anteriormente existentes deixem de desempenhar esta função. Há, portanto, uma relação de cumulatividade entre os novos direitos e os mais antigos. Daí muitos autores preferirem a expressão dimensão, entendendo que tal referência melhor denota o caráter de complementaridade existente entre os direitos surgidos ao longo da história do homem[9].

Sendo, inicialmente, obra dos filósofos como produto de suas ideias e pensamentos, os direitos humanos foram, com o tempo, sendo incorporados aos ordenamentos jurídicos nacionais, estando, hoje, ao abrigo de normas internacionais, bem como estão os mais diversos Estados em mobilização mundial para a sua proteção.

Certamente, as gerações de direitos não pararão na quarta e a história do homem imporá o aparecimento de tantas gerações quantas se façam necessárias de acordo com as suas lutas e conquistas.

1.2. DIREITOS SOCIAIS — SURGIMENTO

O surgimento dos direitos sociais está relacionado com passagem do Estado Liberal para o denominado Estado de Bem-Estar Social, também conhecido como *Welfare State*.

---

[6] Neste sentido, BONAVIDES, Paulo. *Curso de Direito Constitucional*. p. 523, e SARLET, Ingo Wolfgang. *Op. cit.*, p. 53.
[7] BOBBIO, Norberto. *Op. cit.*, p. 6.
[8] *Op. cit.*, p. 524. No mesmo sentido, SARLET, Ingo Wolfgang. *Op. cit.*, p. 55.
[9] Neste sentido, AINA, Eliane Maria Barreiros. *O Fiador e o Direito à Moradia*. p. 54, e SARLET, Ingo Wolfgang. *Op. cit.*, p. 49.

É nesse contexto que se observa que os direitos sociais surgem como fundamentais em face dos reclamos que se fizeram presentes em dada época, em certo momento, sendo, pois, tão essenciais quanto aqueles próprios da era liberal que surgiram, justamente, quando a sociedade já não mais se compadecia com a tirania desenfreada dos monarcas.

Nesse panorama, é crucial a referência à Revolução Francesa que, sem dúvida, pode ser trazida como um marco do pensamento liberal-burguês do século XVIII.

Em um período no qual o absolutismo estatal já não era mais tolerado, a Revolução Francesa representou uma ruptura com o regime então existente, sendo preemente que o Estado adotasse uma postura inteiramente diversa da anterior.

Após longo tempo de opressão do indivíduo pelo Estado, a este, então, passou a ser exigida uma postura não intervencionista, a ponto de ser chamado de "Estado mínimo" e ser conhecido pela expressão francesa *laissez-faire, laissez-passer*. A função estatal, então, era atuar apenas e na medida necessária para garantir as liberdades do indivíduo.

Esta época, conhecida como liberalismo, foi, no entanto, demonstrando as suas imperfeições e a liberdade que, de início, libertou, passou a ser, então, um instrumento de opressão. O fosso social existente passou a crescer e, pouco a pouco, a revelar que a sociedade já não mais poderia se compadecer com tal regime em que os fracos ficam mais fracos e os fortes cada vez mais fortes. A continuidade deste regime significaria a sua própria destruição.

Assim, a liberdade econômica levou à supressão da concorrência e a industrialização sem regulamentação estatal gerou uma classe proletária insatisfeita com os desníveis sociais. Como lembra *Eros Roberto Grau*, *"as imperfeições do liberalismo, no entanto, associadas à incapacidade de autor-regulação dos mercados, conduziram à atribuição de nova função ao Estado"*[10].

A concepção estritamente liberal do Estado era insensível à questão social e as liberdades clássicas se tornaram conquistas meramente formais. *"Sob essa perspectiva, a chamada liberdade-autonomia, que impõe ao Estado um dever de abstenção na esfera de atuação dos indivíduos, nenhuma importância passaria a ter se o Estado, previamente, não criasse condições materiais adequadas que satisfizessem as necessidades vitais do indivíduo, como o direito à alimentação, o direito à habitação, o direito à saúde, o direito à educação, o direito ao lazer, etc. Impunha-se ao Estado, portanto, cumprir, em favor das pessoas, uma série de encargos, prestações ou deveres, que,*

---
[10] GRAU, Eros Roberto. *A Ordem Econômica na Constituição de 1988*. p. 15.

adimplidos, tornariam possível, então, o gozo das chamadas liberdades clássicas.

Processou-se, daí, uma evolução jurídico-política na própria concepção de Estado. Do Estado Liberal evoluiu-se para o Estado Social, caracterizando-se este por sua ação interventiva na ordem econômica e social. De simples espectador da cena socioeconômica, o Estado passou a ser um de seus mais importantes protagonistas."[11]

Volta, assim, a necessidade de que o Estado se faça mais presente só que, desta feita, com um perfil inteiramente distinto daquele assumido na era do absolutismo. Mas as necessidades dos homens passaram a ser cada vez mais numerosas, sendo isto reflexo da própria revolução industrial e do seu próprio desenvolvimento. Em uma época em que não existem empregos, não se há que falar em necessidades dos empregados; em um momento, onde não há fábricas, não se há que haver preocupação com a poluição; em uma era em que não se conhecem técnicas avançadas de medicina, não há que existir preocupação com a manipulação genética.

O homem da sociedade industrial mostra-se com muito mais necessidades do que o homem das sociedades mais primitivas. Agora, ele está insatisfeito com suas carências e passa a caber ao Estado, precipuamente e num primeiro momento, intervir nesse cenário em que o desenvolvimento pode representar a própria destruição da sociedade[12]. Daí se falar no surgimento do Estado do desenvolvimento e bem-estar social.

Foi dentro desse quadro que surgiram os direitos sociais e, por isto mesmo, chamados de direitos de segunda dimensão.

A doutrina é assente na referência de que os direitos sociais foram primeiramente incorporados nas Constituições Mexicana de 1917 e de Weimar, de 1919, que se tornaram, assim, verdadeiros marcos da sua positivação no Direito.

Pela sua maior expressão, no entanto, inclusive por advir da Alemanha (país de maior expressão mundial do que o México), a Constituição de Weimar tornou-se o marco constitucional que primeiro incorporou os chamados direitos sociais.

---

[11] Trecho do voto do Ministro Celso de Melo na ADIn n. 319-4.
[12] Sobre ser um homem sujeito de necessidades, assim se pronuncia, *J. J. Calmon de Passos*: "a isso se associa a incapacidade de o homem poder produzir tudo quanto necessário para atender às suas necessidades e desejos, donde a ineliminável interdependência entre eles, com vistas à produção de quanto necessário para isso, o que leva à divisão do trabalho social. Essa realidade convive, entretanto, com o irremediável de não se poder, ou não se ter sabido, até hoje, nas sociedades mais complexas, dividir o trabalho social, tem termos que correspondam a uma equitativa apropriação do produto desse trabalho social, que se faz objeto de apropriação privada em descompasso com o atendimento das necessidades e desejos socialmente existentes." In *A Constitucionalidade dos Direitos Sociais*. p. 89.

Em verdade, ao surgir a positivação dos direitos sociais na Constituição de Weimar, tal se deu como uma forma de apaziguamento social ao caos gerado pela Primeira Grande Guerra, o que levou esta Constituição a ser chamada, por muitos, de mítica, no particular.

O fato, no entanto, é que a sua positivação, se mítica naquele momento, veio, do ponto de vista mundial, a espelhar o real anseio de uma sociedade de sobreviver em meio às profundas injustiças criadas pelo liberalismo.

1.3. DO PRINCÍPIO DO NÃO-RETROCESSO SOCIAL

O Estado Social, entretanto, trouxe consigo um importante princípio: o do não-retrocesso social.

Ultrapassada a fase do Estado Liberal, assumindo o Poder Público sua versão Social e Democrática (o Estado Democrático de Direito Social), criou-se com ele um sentimento, inerente a todas as constituições assim denominadas, de que as conquistas sociais não retroagem. Em suma, os direitos fundamental-sociais, as liberdades públicas etc. sempre tendem a avançar, não se admitindo retrocesso.

Essas conquistas, entretanto, não se fazem apenas por meio de normas constitucionais. Os avanços obtidos pela via infraconstitucional, concretizando direitos fundamentais elencados na Constituição, também tendem ao avanço, não se admitindo o retrocesso mediante normas ordinárias, já que este iria contra a própria natureza da constituição social. Veda-se, assim, a *"contrar-revolução social"* ou a *"evolução reacionária"*[13].

Neste sentido, *J. J. Gomes Canotilho* ensina que *"os direitos sociais e econômicos (direitos dos trabalhadores, à assistência, à educação), uma vez obtido um determinado grau de realização, passam a constituir, simultaneamente, uma garantia institucional e um direito subjetivo. A proibição do retrocesso social nada pode fazer contra as recessões e crises econômicas (reversibilidade fática), mas o princípio em análise limita a reversibilidade dos direitos adquiridos"*.[14]

"O princípio da proibição de retrocesso social pode formular-se assim: o núcleo essencial dos direitos sociais já realizado e efetivado através de medidas legislativas (...) deve considerar-se constitucionalmente garantido, sendo inconstitucionais quaisquer medidas estaduais que, sem a criação de outros esquemas alternativos ou compensatórios, se traduzam, na prática, numa 'anulação', 'revogação' ou 'aniquilação' pura a simples desse núcleo essencial."[15]

---

[13] CANOTILHO, J. J. *Gomes. Direito Constitucional e Teoria da Constituição.* p. 336.
[14] *Ibidem*, p. 336-337.
[15] *Ibidem*, p. 337-338.

Assim, pode ser lembrado que a proibição de retrocesso já foi expressamente agasalhada pelo Tribunal Constitucional Português, por meio do acórdão TC 39/84, que declarou inconstitucional um decreto-lei que revogara grande parte de outra norma que criara o *Serviço Nacional de Saúde*. Nessa decisão, o Tribunal Constitucional lusitano decidiu que *"a partir do momento em que o Estado cumpre (total ou parcialmente) as tarefas constitucionalmente impostas para realizar um direito social, o respeito constitucional deste deixa de consistir (ou deixa de consistir apenas) numa obrigação positiva, para se transformar ou passar também a ser uma obrigação negativa. O Estado, que estava obrigado a actuar para dar satisfação ao direito social, passa a estar obrigado a abster-se de atentar contra a realização dada ao direito social"*[16].

Na doutrina nacional, pode ser citado *Ingo Wolfgang Sarlet*, que ensina que, *"ainda no que concerne à eficácia dos direitos a prestações de cunho programático, não se pode deixar de considerar a problemática dos direitos que já foram objeto de concretização pelo legislador. Neste sentido, impõe-se a indagação sobre se um dos efeitos inerentes às normas constitucionais que consagram direitos fundamentais desta natureza não seria também o de gerarem o que habitualmente se denominou de uma proibição de retrocesso, isto é, de impedir o legislador de abolir determinadas posições jurídicas por ele próprio criadas"*[17].

Ana Paula de Barcellos, outrossim, salienta que *"tal modalidade de eficácia pressupõe que os princípios constitucionais que cuidam dos direitos fundamentais são concretizados através de normas infraconstitucionais. Pressupõe, ademais, que um dos efeitos gerais pretendidos por tais princípios é a progressiva ampliação dos direitos mencionados"*[18].

"Partindo desses pressupostos, o que a eficácia vedativa de retrocesso propõe se possa exigir do Judiciário é a invalidade da revogação das normas que, regulamentando o princípio, concedem ou ampliam direitos fundamentais, sem que a revogação em questão seja acompanhada de uma política substitutiva ou equivalente."[19]

Isso *"porque vivemos, não em Estado liberal, mas sim em Estado social de Direito, os direitos econômicos, sociais e culturais (ou os direitos que neles se compreendam) podem e devem ser crescentemente dilatados ou acrescentados para além dos que se encontrem declarados em certo momento histórico — à medida que a solidariedade, a promoção das pessoas, a consciência da necessidade de correcção de desigualdades (como se queira) vão crescendo e penetrando na vida jurídica"*[20].

---

[16] *Ibidem*, p. 475-476, nota de rodapé 9. No mesmo sentido, MIRANDA, Jorge. *Manual de Direito Constitucional*. p. 351.
[17] *Op. cit.*, p. 275.
[18] *Eficácia Jurídica dos Princípios Constitucionais. O Princípio da Dignidade da Pessoa Humana*, p. 69.
[19] *Ibidem*, mesma página.
[20] MIRANDA, Jorge. *Op. cit.*, p. 154-155.

O princípio do não-retrocesso social no direito do trabalho brasileiro, por sua vez, foi escancaradamente acolhido no texto constitucional, embora a só adoção do modelo de estado de bem-estar social já fosse suficiente para tanto. Ele se extrai do *caput* do art. 7º da Carta da República que, em sua parte final, estabelece que são direitos dos trabalhadores aqueles elencados em seus diversos incisos, *"além de outros que visem à melhoria de sua condição social"*.

Ora, o que o legislador constitucional estabeleceu, no art. 7º, foi uma série mínima e fundamental de direitos social-trabalhistas, preceituando, ainda, que outros direitos podem ser concedidos aos trabalhadores, desde que *"visem à melhoria de sua condição social"*. Daí se tem que não se pode admitir norma constitucional derivada (emenda) ou norma infraconstitucional que tenda a não gerar uma melhoria na condição social do trabalhador. Ela seria inconstitucional por justamente não preencher esse requisito constitucional da melhoria da condição social do trabalhador.

Esse princípio, ainda, acabou sendo reforçado no § 2º do art. 114 da CF, com redação dada pela EC n. 45/2004, quando este dispõe que, nos dissídios coletivos, os Tribunais do Trabalho devem respeitar "as disposições mínimas legais de proteção ao trabalho, bem como as convencionadas anteriormente". Ou seja, não podem os Tribunais do Trabalho, em dissídio coletivo, dispor de forma mais desfavorável em relação às regras "convencionadas anteriormente".

Não é à-toa, como mencionado acima, nas lições de *Canotilho*, que *"o núcleo essencial dos direitos sociais já realizado e efetivado através de medidas legislativas deve considerar-se constitucionalmente garantido, sendo inconstitucionais quaisquer medidas estaduais que, sem a criação de outros esquemas alternativos ou compensatórios, se traduzam, na prática, numa anulação, revogação ou aniquilação pura e simples desse núcleo essencial"*[21].

Sobre o tema, *Ingo Wolfgang Sarlet*, lembrando a doutrina portuguesa, destaca que os direitos fundamentais sociais, *"após sua concretização em nível infraconstitucional, assumem, simultaneamente, a condição de direitos subjetivos a determinadas prestações estatais e de uma garantia institucional, de tal sorte que não se encontram mais na esfera de disponibilidade do legislador, no sentido de que os direitos adquiridos não mais podem ser reduzidos ou suprimidos, sob pena de flagrante infração do princípio da proteção da confiança (por sua vez, diretamente deduzido do princípio do Estado de Direito), que, de sua parte, implica a inconstitucionalidade de todas as medidas que inequivocamente venham a ameaçar o padrão de prestações já alcançado. Esta proibição de retrocesso, ainda Gomes Canotilho, pode ser reconduzido considerada uma das consequências da perspectiva jurídico-subjetiva dos direitos fundamentais sociais de cunho prestacional"*[22].

---

[21] *Op. cit.*, p. 337-338.
[22] *Op. cit.*, p. 373-374.

Assim, por exemplo, concretizando o direito fundamental assegurado no inciso XXIII do art. 7º (*"adicional de remuneração para as atividades penosas, insalubres ou perigosas, na forma da lei"*), temos o § 1º do art. 193 da CLT que estabelece ser devido o percentual de 30% a título de adicional de periculosidade para quem trabalha em condições perigosas.

Tal vantagem, portanto, faz parte do *"núcleo essencial dos direitos sociais já realizado e efetivado através de medidas legislativas"*. Logo, ter-se-á como inconstitucional qualquer lei "*que, sem a criação de outros esquemas alternativos ou compensatórios, se traduzam, na prática, numa anulação, revogação ou aniquilação pura e simples desse núcleo essencial*". Isto é, será inconstitucional, v. g., nova lei que fixe o percentual de 20% devido a título de adicional de periculosidade ou mesmo que, simplesmente, revogue aquele dispositivo consolidado[23], pois em ambas as hipóteses estaríamos diante de uma situação na qual não há uma "melhoria" na condição social do trabalhador, mas sim um retrocesso social.

Ressalte-se, porém, que a inconstitucionalidade pode ser contornada se forem criados *"outros esquemas alternativos ou compensatórios"* ao direito social objeto de modificação ou supressão de forma que o núcleo essencial dos direitos seja mantido[24].

Assim, neste ponto e para tornar claras as premissas, podemos concluir que

1) a Constituição brasileira adotou expressamente, na parte final do *caput* do art. 7º, o princípio do não-retrocesso social em matéria de direito do trabalho, ao estabelecer que podem ser assegurados aos trabalhadores outros direitos que visem à melhoria de sua condição social;

2) o princípio do não-retrocesso social veda qualquer medida legislativa, inclusive em nível constitucional (emendas), que constitua, em si, um retrocesso na condição social do trabalhador;

3) as normas trabalhistas somente serão constitucionais se visarem a melhorar a condição social do trabalhador; e

4) a inconstitucionalidade da norma pode ser contornada se forem criados *"outros esquemas alternativos ou compensatórios"* ao direito social modificado ou suprimido.

---

[23] Observe-se que aqui não estamos tratando da aplicação da nova lei aos contratos pactuados anteriormente, do qual deriva o pagamento da vantagem disciplinada de outra forma. Nesta hipótese, a lei mais antiga continuaria a ser aplicada em respeito ao ato jurídico perfeito (contrato), que já tinha incluído em seu núcleo o pagamento da vantagem no patamar previsto no diploma anterior. Estamos a nos referir à hipótese de inconstitucionalidade da lei nova e não de sua aplicação retroativa.

[24] Adotando essas lições, e sem adentrar na polêmica discussão acerca do alcance do § 4º do art. 60 da CF/1988 aos direitos sociais, podemos ter como inconstitucional a Emenda Constitucional n. 28, que alterou a redação do inciso XXIX do art. 7º da CF/1988, revogando, ainda, suas alíneas *a* e *b* (que tratam da prescrição do rurícola). Isso porque essa emenda constitui em verdadeiro retrocesso social para os trabalhadores rurais. A referida emenda, portanto, não respeitou o preceito constitucional do estabelecimento de outros direitos que somente estabeleçam uma melhoria à condição social do trabalhador.

Capítulo 2

DIREITOS SOCIAIS E O DIREITO DO TRABALHO

2.1. SURGIMENTO DO DIREITO DO TRABALHO

2.1.1. Considerações Gerais

Na condição de direito social, a origem do Direito do Trabalho é contemporânea à origem dos direitos de segunda dimensão, sendo imprescindível, mais pormenorizadamente, que sejam indicados os fatores que condicionaram o seu surgimento a fim de que sejam delineados os alicerces respectivos.

Tais alicerces se consolidaram enquanto princípios regedores desse campo do direito e que, por isso mesmo, dele não podem ser apartados.

2.1.2. Formação e Consolidação do Direito do Trabalho

Nos dizeres de *Mauricio Godinho Delgado*, *"o Direito do Trabalho — como qualquer ramo jurídico — constitui um complexo coerente de institutos, princípios e normas jurídicas, que resulta de um determinado contexto histórico específico"*[25].

Tal contexto é, certamente, aquele no qual surgiu a relação de trabalho subordinado, categoria central do ramo ora analisado.

Falar em relação de trabalho subordinado já nos leva, de logo, a excluir desse âmbito as relações servis e escravas que pressupunham a sujeição pessoal do trabalho — características que não se coadunam com a relação jurídica de que se está a tratar.

Tratar do direito do trabalho, em sua formulação atual, então, obriga-nos a afastar qualquer referência ao labor da era pré-industrial. O trabalho, tal como conhecemos hoje, surgiu, em verdade, com a Revolução Industrial. Antes dela, tínhamos relações trabalhistas travadas entre as pessoas com naturezas diversas. Havia as relações de natureza real — entre o senhor e coisa escrava — e as relações de natureza institucional — entre o senhor e seu servo.

---

[25] *Curso de Direito do Trabalho*, p. 83.

As relações contratuais de trabalho, assim, grosso modo, somente surgiram com a Revolução Industrial, quando, então, o trabalhador, formalmente igual aos demais seres humanos, passou a manifestar sua vontade de forma livre.

Por isto mesmo, a existência de trabalho livre é pressuposto material para o surgimento da relação trabalhista, de modo a proporcionar a existência de oferta e procura de mão de obra, com a sua crescente utilização e submetimento, no momento inicial, às leis do mercado.

E o trabalho livre em larga escala, como se sabe, surgiu na Idade Moderna podendo-se apontar o processo de ruptura do sistema feudal em face do advento da Revolução Industrial como o dado histórico que marca os limites daquela com a Idade Média.

Com isso não se quer dizer que, antes da Idade Moderna, não existisse trabalho livre e subordinado. O que se pretende demonstrar é que as estruturas de produção até então existentes não levaram a uma utilização desse tipo de trabalho como categoria relevante, eis que o predomínio, sem dúvida, era do modo de produção feudal.

O trabalho livre encontrava sua maior utilização nas conhecidas corporações de ofício, que utilizavam formas primitivas de organização da produção, consubstanciadas, principalmente, no artesanato e na manufatura e, ainda, nas incipientes relações comerciais.

Em ambos os casos — e em alguns outros porventura identificados — as relações trabalhistas geralmente se misturavam com relações familiares, de compadrio e amizade, não havendo uma perfeita identificação deste grupo de trabalhadores como categoria perfeitamente identificada na sociedade, ainda mais quando, nesta época, inexistiam as grandes cidades e aglomeramentos urbanos.

Esse panorama veio a mudar com o advento da grande indústria, no final do século XVIII e ao longo do século XIX, cuja utilização de máquinas, especialização da mão de obra e mecanização de tarefas geraram um sistema de produção sequencial em série, o que demandou a utilização maciça do trabalho assalariado.

Tal fenômeno gerou a concentração de trabalhadores em torno dos grandes centros urbanos que foram sendo formados, dando origem a uma classe perfeitamente identificada por uma característica comum: o fato de fornecerem mão de obra subordinada em troca de determinada remuneração.

Sem dúvida este processo teve fases diferenciadas nos diversos países, verificando-se de forma mais intensa nos Estados Unidos e na Europa Ocidental e, um pouco mais tarde, em alguns países do denominado Terceiro Mundo.

A remuneração dessa forma de trabalho que, de incipiente, passou a se generalizar, embasou-se nas premissas então vigentes em um Estado Liberal: a lei da oferta e da procura, a negociação com respeito da plena autonomia da vontade, a inexistência de limites nos contratos então realizados.

Mais uma vez, manifestava-se o absenteísmo que caracterizou a postura estatal no período pós-revolução francesa, ainda sob o signo dos lemas liberdade, igualdade e fraternidade.

No Direito, ainda estava no apogeu o Código Civil de Napoleão, símbolo dessa postura não intervencionista e que tinha como princípio basilar o da igualdade entre as partes e a liberdade de contratar. Livres e tratados com igualdade, os trabalhadores começam a estabelecer relações contratuais com os detentores dos meios de produção.

A liberdade e autonomia da vontade, própria do Estado Liberal, surgido com a Revolução Francesa, no entanto, conduziu ao abuso, à exploração do trabalho humano. Verificou-se, assim, que a liberdade de contratar concedida aos trabalhadores, em igualdade de condições com o detentor do capital, resultou em situações de exploração daquele que necessitava do emprego para sobreviver. *"A realidade diária se encarregava de mostrar o predomínio absoluto do capital e da vontade do empresário como única fonte real do conteúdo do contrato de trabalho"*[26].

Tais premissas, todavia, já não mais respondiam adequadamente ao novo fato social: o excesso de oferta de mão de obra em relação à procura levou a um rebaixamento da remuneração, à contratação de trabalhadores sem limites de jornada, idade e à exploração daqueles que se mostravam mais vulneráveis: mulheres e crianças.

Como salientam *Orlando Gomes* e *Élson Gottschalk*, o que se observou com o advento da revolução industrial sem a regulamentação estatal foi *"... a exploração de um capitalismo sem peias; a triunfante filosofia individualista da Revolução Francesa; os falsos postulados da liberdade de comércio, indústria e trabalho, refletidos no campo jurídico na falaz liberdade de contratar; o largo emprego das chamadas "meias forças", isto é, o trabalho da mulher e do menor; a instituição das sociedades por ações, sociedades anônimas propiciando, a princípio, a reunião de grandes massas de capital necessário aos empreendimentos industriais, e seu posterior desdobramento em capitais monopolizadores (trust, cartéis, holdings), a ideia vigorante do não-intervencionismo estatal, por mais precárias que fossem as condições econômicas e sociais, tudo isso, gerando um estado de miséria sem precedentes para as classes proletárias, resultou no aparecimento, na história do movimento operário, de um fenômeno relevantíssimo: a formação de uma consciência de classe"*[27].

---

[26] LOPEZ, Manuel Carlos Palomeque. *Direito do Trabalho e Ideologia*. p. 28.

Passou-se a observar que a principal premissa do direito civil — igualdade entre as partes e liberdade de contratar — já não mais podia respaldar as relações trabalhistas surgidas, sob pena de se chancelar a exploração do homem com o selo jurídico.

Assim, mesmo no Estado Liberal, em contradição aparente aos seus postulados (doutrina do Estado com a função apenas de polícia, *laissez-faire*, autonomia da vontade etc.), começam a surgir as leis operárias, iniciando a formação de um complexo normativo protetor das condições de trabalho e do homem-trabalhador.

Assim, por exemplo, na Inglaterra, já em 1802, surge a primeira lei operária (*Health and orals of Apprentices Act*) com objetivo de preservar a saúde e moralidade dos aprendizes[28]. Na Espanha, data de 1873 a primeira lei trabalhista[29]. Surgem, ainda, manifestações dos diversos setores da sociedade civil a exemplo da Igreja Católica com a publicação da encíclica *Rerum Novarum*, em 1891, surgimento de organismo internacional voltado às questões trabalhistas (OIT, em 1919) e inserção de normas protetivas dos trabalhadores em Constituições cujo marco mais significativo foi a Constituição da Alemanha de 1919 (de Weimar).

Com a constitucionalização do direito do trabalho e a produção sistemática de normas trabalhistas, cujo clímax ocorreu após a Segunda Guerra Mundial, ficou definitivamente fincado o novo modelo de Estado a corresponder às crescentes modificações sociais: o de Bem-Estar Social.

Tais leis, cada vez mais volumosas, por sua vez, surgem da necessidade social de *"integrar e canalizar o conflito social surgido entre os novos antagonistas sociais"*[30]. Em sua evolução, então, o direito de proteção ao trabalhador contra a sanha do capitalista surge como uma nova necessidade. Necessidade, em última análise, decorrente da promoção dos postulados da igualdade, já em seu aspecto material, e da liberdade efetiva dos indivíduos e dos grupos sociais. Daí por que, o direito do trabalho, insere-se entre os direitos humanos de segunda geração, influenciando o surgimento e sendo absorvido pelo Estado Social, que vem a suceder o Estado Liberal.

Nesse modo de Estado, não cabem mais os dogmas do liberalismo clássico correspondentes a uma postura individualista e a uma visão metafísica do Direito. Após a Revolução Industrial e todas as transformações de que se tratou anteriormente, houve a *"necessidade da criação de um sistema de disciplina jurídica adequado a um tipo de relação não exatamente novo, mas*

---

[27] *Curso de Direito do Trabalho*, p. 2.
[28] *Ibidem*, p. 29.
[29] *Ibidem*, p. 32.
[30] LOPEZ, Manuel Carlos Palomeque. *Op. cit.*, p. 32.

profundamente renovado pela vigorosa alteração de pressupostos econômicos da sociedade e das relações de seus integrantes"[31].

Origina-se e consolida-se, assim, um novo ramo do Direito, o Direito do Trabalho, embasado na verificação da necessidade de ações que impedissem que a notória desigualdade entre as partes contratantes proporcionasse uma extrema desvantagem para uma delas, no caso, o trabalhador.

Estas ações variaram de acordo com o Estado que as adotou, originando, assim, nos de índole democrática, dois modelos básicos de ordem jurídica trabalhista. O primeiro, típico dos países anglo-saxões, chamado por *Mauricio Godinho Delgado*, de *Modelo de Normatização Autônoma e Privatística*[32], no qual as regulamentações advindas das próprias classes contratantes predominam, originando as normas coletivas de disciplina do direito do trabalho. Nesse modelo, a proteção do trabalhador surgiu como reivindicação da própria classe proletariada que se organizou em associações (os sindicatos) para negociar os seus direitos trabalhistas.

No outro modelo, denominado por *Mauricio Godinho Delgado* de *Modelo de Normatização Privatística Subordinada* e que se originou dos países da Europa Ocidental, há uma ação estatal intensa traçando limites à contratação na área juslaboral[33].

A legislação estatal, então, surge como um produto social que se soma à atuação coletiva do trabalhador, ambas no intuito de fazer superar, no plano jurídico, a desigualdade socioeconômica verificada entre as partes contratantes levando uma delas a uma excessiva desvantagem no momento da contratação.

Não obstante o reconhecimento, hoje, desses dois modelos de ordem jurídica trabalhista, estamos com *Orlando Gomes* e *Elson Gottschalk* ao firmarem o entendimento de que *"a ação direta do proletariado quando das condições adversas que lhe criou a primeira Revolução Industrial foi, pois, o fator principal para a formação histórica do Direito do Trabalho. Sob este aspecto pode afirmar-se que surgiu, primeiro, um Direito Coletivo impulsionado pela Consciência de Classe e, em seguida, um Direito Individual do Trabalho"*[34].

Todo este quadro desenhado em torno do surgimento do Direito do Trabalho se presta a demonstrar que os pressupostos que o determinaram se embasaram na desigualdade entre as partes contratantes nas relações trabalhistas.

Daí ter se erigido o Direito do Trabalho sobre o pressuposto da necessidade de proteção do trabalhador, o que, em última instância, terminou por

---

[31] PINTO, José Augusto Rodrigues, *Curso de Direito Individual do Trabalho*. p. 26.
[32] *Op. cit.*, p. 100.
[33] *Ibidem*, mesma página.
[34] *Op. cit.*, p. 2-3.

se consolidar como o principal princípio inerente a este ramo da ciência jurídica e sem o qual ele perde, completamente, a razão de ser.

A proteção do trabalhador constituiu-se, assim, como o pilar, o alicerce que sustenta os demais princípios e regras do Direito do Trabalho, de forma a que, prescindindo-se daquele princípio, está-se a prescindir do próprio ramo juslaboral. Este só tem razão de ser em função daquele.

Sem o norteamento do princípio protetivo, já não se faz mais necessário o Direito do Trabalho, sendo o Direito Civil — que se embasa no princípio da igualdade entre as partes e, por isso mesmo, não visa proteger qualquer delas —, bastante para reger as relações jurídicas.

Enquanto houver desigualdade entre as partes na relação de trabalho, haverá o Direito do Trabalho e que, por isso, este há de ser interpretado com base nas premissas que determinaram a sua existência.

Esta premissa que aqui foi fixada, portanto, constitui-se em ponto de partida para o desenvolvimento das ideias que será feito nos capítulos seguintes.

2.2. SURGIMENTO DO DIREITO DO TRABALHO NO BRASIL

Não se poderia, aqui, deixar de situar o Brasil no panorama do florescimento dos direitos sociais e, nesta condição, do Direito do Trabalho.

Viu-se que a Revolução Industrial iniciada no século XIX foi marco do início do processo de desenvolvimento de vários países, o que veio a trazer profundas transformações sociais e, junto com elas, transformações jurídicas, filosóficas etc.

No Brasil, tal processo se iniciou de forma um tanto mais retardada em relação aos países europeus, notando-se, ademais, a forte presença do Estado que se tornou empresário, passando, ainda, a implementar medidas políticas de defesa da produção nacional e de controle da atividade econômica.

O ano de 1930 foi um marco no que se refere ao desenvolvimento do país. Até então, o regime político não assegurava a representatividade ao povo; a legislação era divorciada da realidade nacional, já que continha modelos importados de países desenvolvidos, refletindo principalmente a cultura europeia.

Nesta época, havia uma estratificação social simples e constituída de três camadas: no ápice, a dos fazendeiros; no meio, os militares, burocratas e burguesia mercantil do comércio interior; na base, a classe trabalhadora, sem instrução, sem-terra e miserável[35].

Com a industrialização, verifica-se a partir de 1940 uma crescente urbanização, o aumento da classe média e a subida da burguesia à classe

---

[35] GOMES, Orlando e GOTTSCHALK, Elson. *Op. cit.*, p. 40-41.

dominante[36]. Há grandes modificações no país nos setores econômico, político e social sendo deste último setor a mais significativa com a formação do proletariado industrial[37].

A intervenção estatal na economia é crescente. Entre 1888, com a abolição da escravatura, e 1930, a utilização da mão de obra assalariada ganha vulto cada vez maior, aparecendo com maior destaque no segmento agrícola cafeeiro paulista, embora ainda não se pudesse falar de um movimento operário organizado ou de uma legislação sistêmica da matéria. Até então, verificam-se os diplomas legais dispersos no que se refere à matéria trabalhista.

Comumente, citam-se os avisos e decisões do Ministro da Indústria e Agricultura, Obras e Viação, Sr. Demétrio Ribeiro, datados de 14 e 27 de dezembro de 1889 e de 17 de janeiro de 1990, como as primeiras normas trabalhistas nacionais[38]. Contudo, mais remotamente, pode-se lembrar do Código Comercial de 1850, no qual, entre outras disposições, estabeleceu o princípio da justa causa para despedida dos auxiliares no comércio (art. 84), o direito ao aviso prévio (art. 81) ou, mesmo, o pagamento dos salários, até três meses, no período de inabilitação por acidente do trabalho (art. 79). Segue-se ao Código Comercial uma lei de 1852 proibindo as Estradas de Ferro utilizarem a mão-de-obra escrava, criando, assim, verdadeiro mercado de trabalho para o trabalhador livre[39].

É, todavia, com a Consolidação das Leis do Trabalho, surgida em 1943, por meio do Decreto-lei n. 5.452, que surge a nova face do Estado intervencionista no Brasil.

O que se observa, então, no que diz respeito ao Direito do Trabalho no nosso país, é que houve uma passagem brusca da fase de manifestações incipientes e esparsas para a fase da institucionalização do ramo jurídico trabalhista, sem que a classe operária brasileira tivesse tido a oportunidade de experimentar uma maturação político-jurídica que a tornasse um setor forte e com representatividade, na sociedade.

Desse modo, o direito do trabalho institucionalizou-se, no Brasil, sob uma matriz corporativa e autoritária. A sistematização de normas trabalhistas revelava, muito mais, uma necessidade do Estado do que da classe operária. Isto, sem dúvida, retirou dessa classe a oportunidade de formar uma consciência de classe e de agir, prioritariamente, mediante ações coletivas, o que veio a se refletir, ao longo dos anos seguintes, na canhestra desenvoltura dos sindicatos e dos movimentos sociais de categoria.

---

[36] *Ibidem*, p. 41.
[37] *Ibidem*, p. 44.
[38] LACERDA, Maurício de. *A Evolução Legislativa do Direito Social Brasileiro*. p. 16, e SÜSSEKIND, Arnaldo *et alii*, *Instituições de Direito do Trabalho*. p. 58.
[39] ARAÚJO, Rosa Maria Barboza de. *O Batismo do Trabalho*. p. 35.

Tal modelo brasileiro guardava semelhança com aqueles então vigentes, na década de 30, relativos aos regimes totalitários europeus, em especial, o fascista italiano, podendo-se achar a sua marca no jugo estatal que lançava seus tentáculos sobre importantes instituições, como era o caso da Justiça do Trabalho e da estrutura dos sindicatos.

Desse modo, abortava-se o conflito social básico que ficava pulverizado nas diversas ações adotadas pelo Estado. O rígido esquema da unicidade sindical com financiamento obrigatório (até hoje prevalente, diga-se), de enquadramento sindical e da ação tutelar do Ministério do Trabalho, impedia que os conflitos sociais se expandissem e ganhassem maior repercussão no seio da sociedade.

O sistema jurídico brasileiro tradicional sempre conseguiu impedir um espaço aberto à construção jurídica própria pelos grupos sociais, nunca tendo sido de fato decisivo o papel da negociação coletiva, contrariamente ao exemplo que se viu nos países da Europa.

Desse modo, ante a inexistência de um movimento coletivo forte pela conquista de direitos dos trabalhadores, a ênfase no país sempre foi dada ao direito individual do trabalho.

No plano constitucional, há de se mencionar que a Constituição de 1934, influenciada pela Constituição de Weimar de 1919, já dedicava um título à Ordem Econômica e Social (o que não ocorreu com a de 1891), mas só a de 1946 preconizou os princípios da justiça social como conciliatória da liberdade de iniciativa e da valorização do trabalho humano.

Foi também a Constituição de 1946 que consagrou a intervenção do Estado no domínio econômico e trouxe a função social da propriedade como forma de reconhecer a adaptação deste instituto à evolução dos tempos.

Embora as Constituições de 1934 e 1946 — assim como a de 1967/1969 — já fizessem menção a alguns direitos sociais (como educação, direitos dos trabalhadores, por exemplo), a Constituição de 1988 foi a primeira a sistematizá-los em um capítulo próprio o qual está inserido no título relativo aos Direitos e Garantias Fundamentais.

Não restam dúvidas que a atual Constituição de 1988 proclama uma nova fase no País, com nítido avanço no que diz respeito ao direito do trabalho, do que se destaca o afastamento do Estado das entidades sindicais, rompendo com o velho modelo que vigia desde a primeira metade do século XX.

Fortalece-se, assim, e estimula-se o avanço na normatização autônoma por parte das classes trabalhadoras e correspondentes setores econômicos, sem se esquecer, no entanto, que tal movimento ainda se encontra em fase embrionária, além de estar subordinado aos patamares mínimos estabelecidos pela legislação estatal.

Não obstante os reconhecidos avanços democráticos por parte da Constituição de 1988, no que diz respeito ao direito do trabalho, foram mantidos institutos que com eles não se coadunam a exemplo da já mencionada contribuição sindical obrigatória, unidade sindical e sistema de enquadramento sindical.

O fato é que, embora a origem do direito do trabalho no Brasil tenha se dado muito mais por imposição estatal do que por conquista dos próprios trabalhadores, hoje já se vislumbra a possibilidade de fortalecimento da classe operária para atuar em ações coletivas, procurando, cada vez mais, a autonormatização.

Os entraves antes mencionados quanto ao avanço da maior maturidade do sistema sindical e das lutas coletivas fazem com que tal movimento ainda seja incipiente, não se podendo prescindir dos patamares mínimos traçados pela legislação estatal e, também, pelos princípios que estruturaram a própria origem do direito do trabalho.

2.3. DIREITOS DOS TRABALHADORES COMO DIREITOS SOCIAIS

Como é sabido, os direitos dos trabalhadores fazem parte dos direitos sociais e, na nossa Constituição pátria, encontram-se no Capítulo II do Título II do texto constitucional. O Título II trata dos Direitos e Garantias Fundamentais, sendo o Capítulo I dedicado aos Direitos e Deveres Individuais e Coletivos e o Capítulo II aos Direitos Sociais. Ao longo dos arts. 7º a 11 todos pertencentes ao Capítulo II do Título II, são elencados vários direitos dos trabalhadores que variam conforme a titularidade e objeto.

Para uma melhor análise sobre quais tipos de direitos sociais são estes, valemo-nos da classificação dos direitos fundamentais que nos é oferecida por *Ingo Wolfgang Sarlet*[40], sem que com isto se negue o valor de tantas outras classificações que são oferecidas pelos mais diversos autores.

Ingo Wolfgang Sarlet salienta que, nesta classificação, têm-se como ponto de partida, com base nas lições de *Robert Alexy*[41], as funções exercidas pelos direitos fundamentais. Daí ele sugerir a divisão em dois grandes grupos:

    1. direitos de defesa; e

    2. direitos a prestações.

Os direitos a prestações se subdividiriam em direitos a prestações em sentido amplo e direitos a prestações em sentido estrito. As primeiras, estariam subdivididas em:

---

[40] *Eficácia dos Direitos Fundamentais*, p. 170
[41] *Teoria de los derechos fundamentales*, passim.

2.1.1. os direitos de proteção;

2.1.2. os direitos à participação na organização e procedimento.

As demais (direitos a prestações em sentido estrito ou direitos a prestações materiais sociais), são indicadas por *Ingo Wolfgang Sarlet* como direitos derivados a prestações e direitos originários a prestações.

Os direitos de defesa seriam aqueles que o indivíduo tem contra ingerências do Poder Público em sua liberdade pessoal e propriedade já porque o Estado de Direito não se coaduna com o abuso de poder dos homens sobre os outros homens. *"... Os direitos fundamentais de defesa se dirigem a uma obrigação de abstenção por parte dos poderes públicos, implicando para estes um dever de respeito a determinados interesses individuais, por meio da omissão de ingerências ou pela intervenção na esfera de liberdade pessoal apenas em determinadas hipóteses e sob certas condições."*[42]

Tais direitos são os de liberdade e igualdade, à vida, à propriedade, às liberdades fundamentais, à livre manifestação da personalidade, à autodeterminação dos indivíduos. Estão, nesta categoria a maior parte dos direitos políticos, garantias fundamentais e parte dos direitos sociais.

Diz-se parte dos direitos sociais porque estes incluem tanto posições jurídicas tipicamente de prestações (direito à saúde, educação, assistência social etc.), quanto uma gama diversa de direitos de defesa.

Como direitos de defesa, pode-se mencionar parte dos direitos dos trabalhadores constantes dos arts. 7º a 11 da CF como concretizações do direito de liberdade e do princípio da igualdade (ou da não-discriminação), além de posições jurídicas dirigidas a uma proteção contra ingerências por parte dos poderes públicos e entidades privadas.

Pode-se mencionar, a título exemplificativo, a limitação da jornada de trabalho (art. 7º, incisos XIII e XIV); reconhecimento das convenções e acordos coletivos de trabalho (art. 7º, inciso XXVI); proibições do art. 7º, XXX a XXXIII; da liberdade de associação sindical (art. 8º); direito de greve (art. 9º).

Estes podem ser indicados como direitos de defesa pois colocam o indivíduo numa posição jurídica de exigir uma abstenção por parte de outrem de determinadas posturas que impliquem em impedir o exercício dos respectivos direitos.

Por tal motivo, são denominados, com toda propriedade por *Ingo Wolfgang Sarlet,* como liberdades sociais[43].

---

[42] SARLET, Ingo Wolfgang. *Op. cit.,* p. 171.
[43] *Ibidem*, p. 178.

O segundo grupo de direitos fundamentais conforme a classificação aqui mencionada é o dos direitos fundamentais como direitos a prestações, os quais abrangem um feixe complexo de posições jurídicas.

Na classificação proposta, indicou-se a existência de direitos a prestações em sentido amplo e direitos a prestações em sentido estrito.

Em sentido amplo, teríamos todos os direitos fundamentais de natureza tipicamente prestacional que não se enquadram na categoria de direitos de defesa.

Os direitos a prestações em sentido estrito constituem-se, na acepção de *Ingo Wolfgang Sarlet*, dos direitos fundamentais a prestações fáticas que o indivíduo, caso dispusesse dos recursos necessários e em existindo no mercado uma oferta suficiente, poderia obter também de particulares[44].

Tanto os direitos prestacionais em sentido amplo, quanto os direitos prestacionais em sentido estrito implicam numa atuação positiva do destinatário da norma, sendo esta a sua nota característica que os distingue dos direitos de defesa.

"O certo é que os direitos fundamentais sociais a prestações, diversamente dos direitos de defesa, objetivam assegurar, mediante a compensação das desigualdades sociais, o exercício de uma liberdade e igualdade real e efetiva, que pressupõem um comportamento ativo do Estado, já que a igualdade material não se oferece simplesmente por si mesma, devendo ser devidamente implementada. Ademais, os direitos fundamentais sociais almejam uma igualdade real para todos, atingível apenas por intermédio de uma eliminação das desigualdades, e não por meio de uma igualdade sem liberdade, podendo afirmar-se, neste contexto, que, em certa medida, a liberdade e a igualdade são efetivadas por meio dos direitos fundamentais sociais"[45].

Não é por outro motivo que as normas constitucionais sobre direito do trabalho também fazem parte dos direitos fundamentais sociais, o que, aliás, tem sido tradição no constitucionalismo pátrio desde 1934.

Como já se falou anteriormente, as posições jurídicas diretamente vinculadas ao direito do trabalho têm por compensar a desigualdade social e econômica existente na relação travada entre trabalhador e empregador.

É óbvio que os direitos sociais dos trabalhadores hão de ser distinguidos dos direitos sociais em geral, haja vista a titularidade diversa de cada qual, sendo a dos trabalhadores restrita à classe respectiva, em contrapartida aos

---

[44] *Ibidem*, p. 194.
[45] *Ibidem*, p. 203.

direitos sociais em geral (saúde, educação, assistência social etc.) cuja titularidade pertence a todos.

De outro modo, o destinatário dos direitos sociais dos trabalhadores não é unicamente o Estado e sim, entidades privadas — no caso, os empregadores. Isso não obstante, tais direitos continuam sendo típicos de um Estado Social de Direito, haja vista terem surgido justamente dentro do contexto de maior intervenção estatal — inclusive na esfera de produção de normas jurídicas — como reflexo das imperfeições verificadas com o liberalismo.

Nesse particular, interessante a observação de *João Caupers* de que houve uma constatação de que vender a força de trabalho não era a mesma coisa que vender uma coisa e de que *"foi esta constatação — a de que a situação de trabalhador subordinado coloca aqueles que nela se encontram em condições muito deficientes no que toca 'à plena expansão da personalidade humana e à participação social' — a razão primeira da inclusão nas constituições de direitos especialmente reconhecidos aos trabalhadores, direitos que, usualmente, exigiam a intervenção correctiva do Estado"*[46].

Não obstante esta constatação — de toda coincidente com a antes exposta sobre o panorama de surgimento dos direitos sociais —, *João Caupers* critica a concepção de que os direitos fundamentais dos trabalhadores são (apenas) uma das espécies em que se subdivide o gênero direitos sociais. Para ele, os direitos fundamentais dos trabalhadores não seriam todos direitos sociais, eis que, eles não se exaurem dos direitos a prestações, neles se incluindo também direitos de participação e liberdades[47].

Ao exarar esta concepção, *João Caupers* revela o entendimento de que direitos sociais só seriam aqueles alusivos às prestações, com o que discordamos, como aliás, revelado por tudo o que se disse acima. Direitos sociais, em verdade, são aqueles direitos surgidos com vistas a compensar as desigualdades sociais e econômicas emergidas no seio da sociedade, seja ela de uma forma em geral, seja em face de grupos específicos; são direitos que têm por escopo garantir que a liberdade e a igualdade formais se convertam em reais, mediante o asseguramento das condições a tanto necessárias, permitindo que o homem possa exercitar por completo de sua personalidade de acordo com o princípio da dignidade humana. Por que, então, excluir determinados direitos de defesa de tal concepção? Por que não incluir as liberdades que têm por escopo os objetivos antes mencionados?

Desse modo, consideramos, que os direitos dos trabalhadores são, sim, todos direitos sociais, ora exsurgindo como direitos a prestações, ora como autênticas liberdades sociais.

---

[46] CAUPERS, João. *Os Direitos Fundamentais dos Trabalhadores e a Constituição*. p. 82.
[47] *Ibidem*, p. 108.

A concepção dos direitos dos trabalhadores como direitos sociais é de fundamental importância porque ela justificará uma tomada de posição na interpretação e realização desses direitos como parte da realização do próprio Estado Social.

Capítulo 3

DA FUNDAMENTALIDADE DOS DIREITOS SOCIAIS

3.1. DIREITOS SOCIAIS E DIREITOS DO ESTADO LIBERAL

Ainda se controverte sobre a verdadeira fundamentalidade dos direitos sociais, mormente quando eles são analisados frente aos direitos de defesa clássicos, aqueles oriundos do Estado Liberal.

João Caupers, a propósito do tema, cita duas correntes em torno do tema: uma que considera os direitos sociais em igual posição de fundamentalidade com o restante dos direitos fundamentais e outra que, ao revés, considera os direitos sociais em posição hierarquicamente inferior aos demais[48].

Salienta este Autor, no entanto, que, subjacente a esta polêmica, está a ideia de que os direitos sociais, contrariamente aos direitos fundamentais liberais não são ditados pelos princípios democráticos ou liberais e sim, pelo princípio socialista, o que faria desses direitos não tão fundamentais como os outros.

No particular, acompanhamos a ideia de *João Caupers* de que, hoje, não é possível admitir que o Estado de Direito subsista sem o reconhecimento de direitos sociais, o que poderia até ser admitido no século XIX[49].

Em verdade, a garantia dos direitos sociais, hoje, representa condição necessária para que se garanta o efetivo gozo dos direitos de liberdade civis e políticos, clássicos. Sem aqueles, estes restam esvaziados de conteúdo e não passam de meras "promessas" inscritas em um papel ao qual, inclusive, nem todos têm acesso.

Há quem conteste, ainda, a fundamentalidade dos direitos sociais sob o argumento de que eles não estariam atados à natureza humana como estão os direitos clássicos de liberdade.

Ora, os direitos sociais surgem quando, em uma sociedade de relações mais complexas, já não bastavam como direitos fundamentais os direitos à vida, à liberdade e à propriedade.

---

[48] *Os Direitos Fundamentais dos Trabalhadores e a Constituição*, p. 51.
[49] *Ibidem,* p. 54.

Hoje, no entanto, se se quisesse utilizar o argumento da natureza humana, poder-se-ia fazê-lo tranquilamente com relação aos direitos sociais. Quem poderá dizer que a saúde não é direito inerente à pessoa humana? Quem poderia se arriscar em afirmar que a educação não seja essencial para que o homem se afirme como tal nas sociedades atuais? Quem, ainda, poderia negar à moradia, à segurança, ao trabalho e a tantos outros direitos a condição de próprios para a realização da dignidade humana?

Certamente que tais questões calariam os que pensam não serem os direitos sociais verdadeiros direitos fundamentais.

São fundamentais, sim. Nasceram após os direitos de liberdade e os políticos. Mas nem por isso deixam de ser fundamentais, isso porque a fundamentalidade está relacionada com a necessidade que se fez presente em dado momento histórico.

No que se refere ao nosso direito pátrio, como já ressaltado, esta foi a opção do nosso Constituinte, ao elencar os direitos sociais no Capítulo II do Título "Dos Direitos e Garantias Fundamentais".

Advirta-se, entretanto, que o próprio Supremo Tribunal Federal já se pronunciou no sentido de que existiriam direitos fundamentais materiais e direitos fundamentais formais, não sendo suficiente, assim, a sua inserção no texto constitucional para que fossem alçados à categoria de direito fundamental.

Veja-se, a propósito, o acórdão do STF que decidiu a ADIn n. 1.497-8, cujo relator foi o Ministro Carlos Velloso[50], com cujo entendimento, *data venia*,

---

[50] O trecho pertinente traz as seguintes considerações: "Hoje, a doutrina dos direitos fundamentais distingue direitos de 1ª, 2ª e 3ª geração, registra o eminente *Celso Lafer*, — "Direitos Humanos e Democracia: no plano interno e internacional", em "Desafios: ética e política, Ed. Siciliano, 1995. p. 201 e segs. — que desenvolve assim o tema: os direitos de 1ª geração constituem herança liberal. São os direitos civis e políticos: a) direitos de garantia, que são as liberdades públicas, de cunho individualista: a liberdade de expressão e de pensamento, por exemplo; b) direitos individuais exercidos coletivamente: liberdades de associação: formação de partidos, sindicatos, direito de greve, por exemplo. Os direitos de 2ª geração são os direitos sociais, econômicos e culturais, constituindo herança socialista: direito ao bem-estar social, direito ao trabalho, à saúde, à educação constituem exemplos desses direitos. Os de 3ª geração são os direitos de titularidade coletiva: a) no plano internacional: direito ao desenvolvimento e a uma nova ordem econômica mundial, direito ao patrimônio comum da humanidade, direito à paz; b) no plano interno: interesses coletivos e difusos, como por exemplo, o direito ao meio ambiente."(...)
"Em precioso trabalho, *Manoel Gonçalves Ferreira Filho* pretendeu visualizar a natureza dos direitos fundamentais — "Os Direitos Fundamentais. Problemas Jurídicos, particularmente em face da Constituição de 1988", na RDA 203/1. Começa o Autor por afirmar que "a doutrina dos direitos fundamentais tem profundas raízes filosóficas — e assim não escapa das controvérsias mais abstratas e complexas — envolve sempre conotações políticas — e assim se insere no dia-a-dia do poder estatal — e está no cerne do novo direito internacional que não ignora os indivíduos". Bem por isso, essa doutrina interessa à filosofia do direito, à teoria do Estado, ao direito internacional e, claro, ao direito constitucional. Nas primeiras Declarações, esses direitos eram os inerentes à personalidade humana. Seriam, portanto, direitos naturais. Isto, entretanto, seria suficiente, hoje, para caracterizar a natureza dos direitos fundamentais, no sentido de que somente aqueles direitos que poderiam ser considerados naturais é que teriam o *status* de direitos fundamentais?
A resposta é negativa, não obstante ser importante, para a caracterização que perseguimos, a doutrina do jusnaturalismo, *Manoel Gonçalves Ferreira Filho* registra que "a Carta de 1988 explicita

não compartilhamos. E não compartilhamos em face da concepção que temos do conceito constituição.

O elemento jurídico da Constituição *"é a linguagem composta por proposições prescritivas com que se formalizam a vontade dessas forças reais de poder, mediante a edição de um sistema de normas, as quais, em regra, têm a natureza de declaração de direitos, ou de organização do poder político, ou de organização da sociedade civil"*[51].

---

numerosíssimos direitos "fundamentais", muitíssimos mais que as anteriores e mesmo que as estrangeiras. Basta lembrar que a Constituição alemã enuncia cerca de vinte e poucos direitos fundamentais e o art. 153 da Emenda 1/69 arrolava cerca de trinta e cinco direitos e garantias e o art. 5º da atual enumera pelo menos setenta e seis, afora os oito do art. 6º, afora os que se depreendem do art. 150, afora o direito ao meio ambiente (art. 225), o direito à comunicação social (art. 220), portanto, no mínimo, oitenta e seis e provavelmene uma centena, se considerar que vários dos itens do art. 6º consagram mais de um direito ou garantia. Quer dizer, três vezes mais do que o texto brasileiro anterior, cinco vezes mais do que a declaração alemã. Há, portanto, na Carta vigente uma "inflação" de direitos fundamentais". Mas, acrescenta o ilustre constitucionalista, "o exame, por outro lado, desses direitos fundamentais enunciados em 1988 provoca dúvidas se muitos deles são realmente direitos fundamentais ... A não ser que se desvalorize o sentido de "fundamental", tornando-o não o equivalente a essencial mas a meramente "importante" (ob. e loc. cits. p. 4).
Após lembrar que a doutrina tem se preocupado com a multiplicação desses direitos, procurando identificar os verdadeiros direitos fundamentais, invoca *Manoel Gonçalves* o publicista e cientista político PHILIP ALSTONS ("Conjuring up Nem Human Rights: A proposal for a quality control", "American Journal of International Law", 1984, vol. 78, p. 607 e s., *ap. Manoel Gonçalves Ferreira Filho*, ob. e loc. cits.), que informa que novos direitos fundamentais estão em vista de serem declarados, como o direito ao sono, o direito ao turismo, o direito de não ser sujeito a trabalho aborrecido, o direito à coexistência com a natureza, o direito de livremente experimentar modos de viver alternativos, dentre muitos.
Traz ao debate outros estudiosos do tema, como *Maurice Crasston*, que refletindo a preocupação da doutrina com o problema, indica critérios para que um direito possa ser considerado fundamental: "um direito humano por definição é um direito moral universal, algo que todos os homens em toda parte, em todos os tempos, devem ter, algo do qual ninguém pode ser privado sem uma grave ofensa à justiça, algo que é devido a todo ser humano simplesmente porque é um ser humano." Também *F. G. Jacobs* indica três critérios relevantes: "1) o direito deve ser fundamental; 2) o direito deve ser universal, nos dois sentidos de que é universal ou muito generalizadamente reconhecido e que é garantido a todos; e 3, o direito deve ser suscetível de uma formulação suficientemente precisa para dar ludar a obrigações da parte do Estado e não apenas para estabelecer um padrão."
E o próprio Alston, registra Manoel Gonçalves Ferreira Filho, *"indica seis critérios, mais preocupado com a inserção de tais direitos no plano internacional em geral e no da ONU em particular."* Segundo Alston, um direito para ser admitido entre os "human rights" deve: *"refletir um fundamentalmente importante valor social; ser relevante, inevitavelmente em grau variável num mundo de diferentes sistemas de valor, ser elegível para reconhecimento com base numa interpretação das obrigações estipuladas na Carta das Nações Unidas, numa reflexão a propósito de normas jurídicas costumeiras, ou nos princípios gerais de direito; ser consistente com o sistema existente de direito internacional relativo aos direitos humanos, e não meramente repetitivo; ser capaz de alcançar um muito alto nível de consenso internacional; ser compatível ou, ao menos, não claramente incompatível com a prática comum dos Estados; ser suficientemente preciso para dar lugar a direitos e obrigações identificáveis."* Acrescenta o professor Manoel Gonçalves que *"fácil é deduzir que os critérios assinalados levariam a recusar qualidade de direitos fundamentais a muitos dos direitos que enuncia a Carta Brasileira"* (ob. e loc. cits., p. 6), com o que concordamos.
Essas doutrinas que vimos de expor impõem, no mínimo, conclusão no sentido de que há direitos fundamentais materiais e direitos fundamentais formais. É dizer, há aqueles direitos que se alçam numa categoria superior e direitos fundamentais que seriam secundários. Essa diferença hierárquica entre esses direitos ressaltada, aliás, por *Manoel Gonçalves* (ob. e loc. cits.)".
[51] BRITO, Edvaldo. *Limites da Revisão Constitucional*. p. 35.

Se determinados direitos foram alçados à categoria de fundamentais, o foram porque refletem a Constituição essencial e estão conformados com os valores fundamentais que dela fazem parte e a nossa tarefa, então, é de tudo fazer para lhes dar a máxima efetividade[52].

Daí por que a discussão não se nos afigura meramente acadêmica. Ainda que não se admita a hierarquização de normas constitucionais (e é uma discussão na qual não iremos entrar) tal não impede de considerar que há uma hierarquia axiológica na Constituição em uma escala móvel. E, nessa perspectiva, as próprias normas constitucionais hão de se conformar, umas às outras, tendo-se como parâmetros os princípios, direitos e garantias fundamentais.

Ingo Wolfgang Sarlet também se posiciona no sentido de que não se pode dar maior importância aos direitos de defesa do que aos direitos sociais já que ambos compartilham a mesma dignidade como direitos fundamentais e, no particular, nosso ordenamento jurídico não dá suporte à opinião diversa. *"... A inevitável tensão entre direitos de liberdade (defesa) e direitos sociais (a prestações) não se encontra sujeita a uma dialética do antagonismo, mas a uma dialética da mútua complementação, já que ambas as categorias de direitos fundamentais se baseiam na concepção de que a dignidade da pessoa humana apenas se poderá afirmar mediante a existência de maior liberdade e menos privilégios para todos"*[53].

---

[52] Neste sentido: PIOVESAN, Flávia. *Direitos Humanos e o Direito Constitucional Internacional*. p. 183: "Além disso, sob a ótica normativa internacional, está definitivamente superada a concepção de que os direitos sociais, econômicos e culturais não são direitos legais. Os direitos sociais, econômicos e culturais são autênticos e verdadeiros direitos fundamentais"; SILVA, José Afonso da. *Aplicabilidade das Normas Constitucionais*. p. 151. Confira-se trecho elucidativo da opinião deste último autor: "A doutrina mais conseqüente, contudo, vem refutando esta tese, e reconhece neles a natureza de direitos fundamentais, ao lado dos direitos individuais, políticos e do direito à nacionalidade. São direito fundamentais do homem-social, e até "se estima que, mais que uma categoria de direitos fundamentais, constituem um meio positivo para dar um conteúdo real e uma possibilidade de exercício eficaz a todos os direitos e liberdades"; e também PASSOS, José Joaquim Calmon de. *A Constitucionalidade dos Direitos Sociais*. p. 82. Tal opinião não é pacífica. Confira-se, a propósito, trecho de interessante artigo de *Ricardo Lobo Torres*: "Extremam-se da problemática do mínimo existencial os direitos econômicos (arts. 174 a 179 da CF de 1988) e sociais (arts. 6º e 7º), que se distinguem dos fundamentais porque dependem da concessão do legislador, estão despojados do *status negativus*, não geram por si sós a pretensão às prestações positivas do Estado, carecem de eficácia *erga omnes* e se subordinam à ideia de justiça social. Esses direitos às vezes aparecem, principalmente na doutrina alemã, sob a denominação de direitos fundamentais sociais, em virtude de sua constitucionalização; mas, segundo a maior parte dos autores germânicos que a adotam, subordinam-se à justiça social, pelo que não se confundem com os direitos da liberdade nem com o mínimo existencial. A Constituição de 1988 abre, no Título II, dedicado aos Direitos e garantias fundamentais, o Capítulo II, que disciplina os Direitos Sociais (arts. 6º e 11), separando-os, entretanto, dos Direitos Individuais e Coletivos, de que trata o Capítulo I (art. 5º). A Suprema Corte dos Estados Unidos tem recusado natureza constitucional aos direitos econômicos e sociais que transcendem o mínimo tocado pelos interesses fundamentais, como sejam os direitos à educação ou à moradia, fazendo-se forte no argumento de que "pobreza e imoralidade não são sinônimos", *in* "O Mínimo Existencial e os Direitos Fundamentais, p. 33-34. Manifesta-se contra, ainda, VIANA, Rui Camargo. *Direito à Moradia*. p. 09-16.
[53] SARLET, Ingo Wolfgang. *Op. cit.*, p. 204.

Em verdade, *Paulo Bonavides* vai além de pregar a igualdade de fundamentalidade entre os direitos de defesa e os direitos sociais, salientando que *"os direitos fundamentais do Estado Social, deixando de ser unicamente limites, se convertem em valores diretivos para a administração e a legislação"*[54].

Se com o Estado de Direito da burguesia liberal, os valores fundamentais passaram a ser a vida, liberdade e propriedade, todos como produto da Revolução burguesa, com o Estado social, os novos valores fundamentais são o pleno emprego, a segurança existencial e conservação da força de trabalho, todos os produtos da sociedade industrial e que, portanto, há de guiá-la em todos os aspectos.

3.2. DA FUNDAMENTALIDADE DOS DIREITOS DOS TRABALHADORES

Na linha aqui desenvolvida, há de se pontificar que *"os direitos fundamentais dos trabalhadores são fundamentais na medida em que visam assegurar condições de vida dignas, no sentido de minimamente compatíveis com o desenvolvimento da personalidade humana, e garantir as condições materiais indispensáveis ao gozo efectivo dos direitos de liberdade"*[55].

Desse modo, uma importante conclusão de logo se impõe, constituindo uma das premissas básicas sobre as quais se assenta o entendimento de que os direitos sociais dos trabalhadores estão inseridos na previsão constitucional do art. 60, § 4º, IV da Constituição Federal: os direitos dos trabalhadores fazem parte da categoria direitos sociais e, como tais, gozam da mesma importância usufruída por estes, estando ambos em igual plano de fundamentalidade dos direitos de defesa clássicos do Estado Liberal.

3.3. DA FORÇA NORMATIVA DO PREÂMBULO

Aqui, por pertinente, não se poderia deixar de falar da força normativa de todas as partes em que está estruturada a Constituição Jurídica, não obstante divergências sobre o valor jurídico do preâmbulo, consoante nos dá conta *Edvaldo Brito*[56].

No particular, também entendemos que o preâmbulo *"em regra, condiciona a interpretação de toda a parte dogmática e das disposições transitórias"*[57]. *"A função de núncio das circunstâncias em que medrou a Constituição jurídica e ou*

---

[54] *Curso de Direito Constitucional*, p. 344.
[55] CAUPERS, João. *Op. cit.*, p. 108.
[56] *Op. cit.*, p. 38-39.
[57] *Ibidem*, p. 37.

a de fonte da validez da sua interpretação fazem com que o preâmbulo tenha não só um alcance político e literário, mas também, uma eficácia normativa."[58].

Veja-se, então, que, no preâmbulo de nossa Constituição, assentaram os Constituintes que se instituía um Estado democrático destinado a assegurar o exercício dos direitos sociais e individuais, a liberdade, a segurança, o bem-estar, o desenvolvimento, a igualdade e a justiça como valores supremos de uma sociedade fraterna.

No particular, pronuncia-se *Tercio Sampaio Ferraz Júnior* asseverando que *"em termos de legitimidade fundante, a análise do Preâmbulo (cuja função dogmática usual é revelar a* mens legis*, configurar uma abreviatura para localizar os princípios diretores e definir a autoridade constituinte) mostra um elenco de valores e sua possível organização, seus instrumentos de revelação, os fins propostos e as condicionalidades essenciais"*[59].

Por outro lado, em monografia escrita sobre o preâmbulo da Constituição, *Patrícia Fontes Marçal* ressalta que, nesta parte introdutória, estão enunciados os princípios que condicionam a interpretação do texto constitucional, haja vista representar o ideário que resultou de um momento histórico que serviu de pano de fundo para que a Constituição viesse à tona[60].

Muitas páginas poderiam ser dedicadas a delinear os valores e objetivos propostos no preâmbulo da nossa Constituição. Para o objetivo do nosso trabalho, no entanto, basta, por ora, que tomemos a importância da menção, no preâmbulo, ao exercício dos direitos sociais e individuais como fim proposto para o Estado Democrático então instituído e cuja tarefa de todos e, com maior grau, a do jurista, é realizá-lo continuamente.

Tais direitos hão de ser perseguidos sob o manto dos valores ali enunciados: liberdade, segurança, bem-estar, desenvolvimento, igualdade e justiça. Pois bem. Estes objetivos anunciados desde o preâmbulo da Constituição hão de guiar, juntamente com outros princípios, a atividade do intérprete e aplicador do Direito.

Na interpretação da própria Constituição, não se pode perder tais objetivos de mira, qual seja, de que a interpretação de toda a legislação infraconstitucional há de se realizar em consonância com estes vetores propugnados no texto constitucional.

Sendo os direitos trabalhistas direitos sociais, a interpretação de toda legislação constitucional e infraconstitucional que lhe diga respeito há, sem dúvida, de ser feita no sentido de lhe dar concretude e a mais ampla realização.

---

[58] *Ibidem*, p. 38.
[59] FERRAZ Júnior, Tercio Sampaio. *Legitimidade na Constituição de 1988*. p. 29.
[60] *Estudo Comparado do Preâmbulo da Constituição Federal do Brasil*. p. 80.

Capítulo 4

DIREITOS FUNDAMENTAIS E INTERPRETAÇÃO

4.1. UMA NOVA CONCEPÇÃO DE ORDENAMENTO JURÍDICO

Aqui, não se pode deixar de falar da nova concepção de ordenamento jurídico que se inaugura com a superação do positivismo e a adoção de um sistema fincado no trinômio regras, princípios e valores.

De fato, segundo o pensamento tradicional do positivismo, o sistema jurídico é dotado simplesmente de regras jurídicas, sendo o ordenamento escalonado em forma de pirâmide, estando no vértice superior a lei fundamental que condiciona a validade e permeia a interpretação das demais normas jurídicas.

Os positivistas são acordes quanto ao exaurimento do sistema em regras e na existência de um teste fundamental de verificação de validade destas regras; diferem, apenas, em que teste é este.

Para *Kelsen*, era a norma fundamental, norma de direito pressuposto; para *Herbert Hart*, positivista que escreveu a obra "O Conceito de Direito" em 1961, era o teste de reconhecimento.

Durante muito tempo, imperou essa doutrina positivista a qual era muito natural à época em que surgiu: adveio da necessidade de depurar o sistema jurídico de qualquer influência axiológica, preconizando a neutralidade absoluta do operador do direito.

As rígidas codificações inauguradas com o Código de Napoleão eram exemplos clássicos do sistema preconizado pelos positivistas.

Com o tempo, no entanto, tal sistema passou a ser questionado e contestado, advindo, pois, uma nova concepção de sistema jurídico. E aqui citamos o jurista americano *Ronald Dworkin* que, contestando os dogmas do positivismo, procurou trazer para o ordenamento jurídico a concepção principiológica como própria ao Direito.

Ronald Dworkin, inicialmente, tentou provar que a concepção positivista já continha, *prima facie*, uma falha, ao acolher o costume como norma jurídica, sem, no entanto, explicar como este costume passaria pelo teste fundamental. A partir daí, segundo *Ronald Dworkin*, já se pode desconfiar que o Direito não seja formado apenas por regras submetidas a um teste fundamental.

Para provar que, além das regras, os princípios também fazer parte do Direito, *Ronald Dworkin* se valeu do modelo americano para questionar como os Juízes, dentro da concepção positivista, decidiriam os casos difíceis: *hard cases.*

Dentro da concepção positivista, os casos difíceis seriam decididos mediante o poder discricionário do Juiz. Dworkin, no entanto, proclamou que esse poder discricionário termina por retirar do operador do direito a neutralidade tão proclamada pelo positivismo jurídico.

Ronald Dworkin propõe, então, que, na resolução dos casos, o juiz jamais recorra ao poder discricionário, estando ele atrelado, sempre, ao sistema. O juiz há de buscar a solução que seja mais harmônica com os princípios e valores que subjazem ao sistema. O juiz, assim, não tem poder discricionário; está atrelado aos valores e princípios do sistema.

Essa nova concepção do ordenamento jurídico e de hermenêutica vem com mais força num Estado Social em que as normas jurídicas dele oriundas advêm de um compromisso entre princípios *a priori* conflitantes e que hão de ser harmonizados entre si.

Hoje, a doutrina já é fecunda no reconhecimento da força normativa dos princípios jurídicos[61], não tendo eles apenas a mera função de suprir lacunas legais, como se supunha anteriormente.

Eles assumem importante função no ordenamento jurídico por corporificarem os valores supremos ao redor dos quais gravitam os direitos, garantias e competências de uma sociedade[62].

As normas jurídicas, pois, segundo essa nova concepção, que é a que aqui se defende, consubstanciam-se em regras, princípios e valores.

Permitimo-nos, pois, fazer a analogia da Constituição de um País com uma casa. Os princípios são seus alicerces; as regras, os tijolos; e os valores, o cimento que une todos os tijolos entre si e os tijolos e sua estrutura.

Quem entrar nessa casa, estará inserido dentro dessa estrutura consubstanciada em regras, princípios e valores.

4.2. UMA NOVA CONCEPÇÃO DE HERMENÊUTICA

É natural que o pós-positivismo tenha trazido uma nova postura hermenêutica para os juristas.

---

[61] Dentre outros autores, comungam desta opinião: BARCELLOS, Ana Paula de. A Eficácia Jurídica dos Princípios Constitucionais. *O princípio da Dignidade da Pessoa Humana*, SARMENTO, Daniel. *Ponderação de Interesses na Constituição Federal*, e BARROSO, Luís Roberto. *Interpretação e Aplicação da Constituição.*
[62] BONAVIDES, Paulo. *Curso de Direito Constitucional.* p. 254.

Se, antes, acreditava-se que a liberdade do intérprete era limitada em face da crença de que tudo, em matéria de interpretação, esgotava-se na subsunção do fato à norma, hoje, já se sabe que a tarefa do hermeneuta é, antes de tudo, construtiva.

Quando adveio a primeira Constituição de expressão a elencar uma gama de direitos sociais como fundamentais para o indivíduo, era esta concepção a que imperava: a da mera subsunção do fato à norma e do extremo valor da interpretação exegética.

Aliás, não poderia ser outro o modelo de interpretação próprio de um Estado Liberal e que queria pregar a supremacia da lei e a mínima participação do intérprete na sua operação com o Direito.

Marco dessa postura abstencionista se deu com o advento do Código de Napoleão quando se conta que houve proibição de que as suas normas fossem interpretadas com o temor de que, assim, sofressem um desvirtuamento.

Foi, então, a época do "reinado" da Escola de Exegese que se atinha, na interpretação da norma, à letra fria da lei e na participação quase nula do operador do Direito.

Com o advento do Estado Social e a constitucionalização de normas de direitos sociais, percebeu-se que, de nada adiantaria um rol extenso e analítico de normas garantidoras de direitos se elas fossem vistas como algo metafísico e, portanto, distanciadas da realidade.

Desse modo, junto com a mudança da legislação, haveria de advir uma mudança na postura interpretativa das normas jurídicas, pois aquela de nada adiantaria sem esta; seriam, apenas, como ocorre em tantas circunstâncias em nosso próprio país, uma moldura pendurada nas paredes de um ambiente vazio.

Como bem salienta *Paulo Bonavides* — autor de vanguarda na concepção de que os direitos sociais só existem quando concretizados — *"os direitos fundamentais, em rigor, não se interpretam; concretizam-se. A metodologia clássica da Velha Hermenêutica de* Savigny*, de ordinário aplicada à lei e ao Direito Privado, quando empregada para interpretar direitos fundamentais, raramente alcança decifrar-lhes o sentido"*[63].

Surgiram, assim, ao longo do século XX, vários estudiosos que procuraram dar outra feição à atividade hermenêutica do jurista dos quais se podem citar, dentre outros, *Emilio Betti, Hans Georg Gadamer* e mais recentemente *Ronald Dworkin*.

---

[63] *Ibidem*, p. 545.

Emilio Betti, por exemplo, apesar de comumente chamado de *"mestre da Velha Hermenêutica"*[64] proclama que, quanto mais ampla seja a apreciação integrativa, o juiz se acha autorizado a levar em conta as divergentes concepções éticas, religiosas, econômico-sociais e, em geral, o diferente clima cultural que conduzirá a elaborar um direito vivo diverso[65], em uma concepção afinada com as concepções da nova hermenêutica, a qual enxerga a interpretação jurídica como algo criativo e não, meramente subjuntivo, como queria o positivismo cujo apogeu foi trazido por *Kelsen*.

Assim, *"na Velha Hermenêutica interpretava-se a lei, e a lei era tudo, e dela tudo podia ser retirado que coubesse na função elucidativa do intérprete, por uma operação lógica, a qual, todavia, nada acrescentava ao conteúdo da norma; em a Nova Hermenêutica, ao contrário, concretiza-se o preceito constitucional, de tal sorte que concretizar é algo mais do que interpretar, é, em verdade, interpretar com acréscimo, com criatividade. Aqui ocorre e prevalece uma operação cognitiva de valores que se ponderam. Coloca-se o intérprete diante da consideração de princípios, que são as categorias por excelência do sistema constitucional"*[66].

É lógico que há de se analisar a teoria de *Emilio Betti* no tempo em que foi formulada, compreendendo-se o porquê do não enfrentamento da normatividade dos princípios, por exemplo, com a clareza e ênfase de um *Ronald Dworkin*[67].

Este jurista, por sua vez, cujas ideias estão ganhando corpo no mundo inteiro, ao proclamar a sua concepção de Direito como integridade, entende necessário que o juiz tenha uma participação construtiva na tarefa interpretativa, concebendo-o como participante ativo do processo exegético que, por isso, dá vida ao objeto interpretando, impingindo-lhe o colorido que só este toque pode lhe oferecer.

A propósito da participação construtiva do sujeito interpretante — que aparece com bastante ênfase no pensamento de *Ronald Dworkin* —, é interessante invocar, a propósito, a paradigmática situação por ele exposta de um romancista encarregado de escrever um capítulo, de forma coerente com o quanto já escrito; porém acrescentando as suas próprias ideias no que está por ser criado[68].

A ideia do romance em cadeia é por ele invocada para dizer que esta ideia reproduz a complexidade de decidir um caso difícil de direito como integridade. Cada autor deve tentar criar o melhor romance possível como se fosse obra

---

[64] Conferir a propósito, as considerações de BONAVIDES, Paulo. *Op. cit.*, p. 240.
[65] *Ibidem*, p. 48.
[66] *Ibidem*, p. 585.
[67] Sobre a concepção de *Betti* em torno dos princípios jurídicos e de sua normatividade, confira-se BONAVIDES, Paulo. *Op. cit.*, p. 240-242.
[68] Sobre o tema, ver do Autor, *O Império do Direito*. p. 279-281.

de um único autor e isto exige uma avaliação geral de sua parte, ou mesmo uma série delas na medida em que ele escreve e reescreve.

Na interpretação que o romancista venha a adotar, *Ronald Dworkin* sugere que tal tarefa se dê em dois momentos, um dos quais dedicado à objetividade — mediante o que ele chama adequação, com a adoção de uma interpretação coerente com o que já foi escrito — e, o outro, à subjetividade — por meio da escolha da melhor interpretação depois de considerados todos os aspectos da questão —, de forma a que se encontre o necessário equilíbrio entre ambos os termos.

Se a procura desse meio termo por *Ronald Dworkin* pode ser extraída da sua exposição da tarefa do juiz diante de um caso difícil, ela fica evidente na sua assertiva de que, a interpretação escolhida foi, ao mesmo tempo, livre e forçada: livre porque decorreram de suas próprias hipóteses ou forçada por ser escravo de um texto no qual não se podem introduzir alterações[69].

Até se chegar a esta concepção proclamada de *Dworkin*, por muito tempo os juristas não se voltaram para a interpretação da Constituição.

Ao se estudar, no entanto, as teorias dos direitos fundamentais, verificou-se a impossibilidade de se atuar na sua esfera interpretativa tendo-se como recurso, unicamente, o emprego de técnicas jurídicas de interpretação assentadas no simples exame de texto das variadas disposições legais.

Era isto, no entanto, o que a metodologia clássica do positivismo pregava, com seu dedutivismo formalista, utilizando, assim, para a Constituição mecanismos que operavam no Direito Privado.

"Aquele dedutivismo formalista excluía da Ciência do Direito e da tarefa hermenêutica a consideração de princípios e valores, sem cuidar que estes formam o tecido material e o substrato estrutural já da Constituição, já dos direitos fundamentais."[70]

Na feliz colocação de *Moacyr Parra*, *"não há grandes dificuldades em se estabelecer uma hierarquia entre as normas infraconstitucionais partindo de um ato administrativo até a Constituição. Contudo, a regra que deve ser observada na interpretação das normas infraconstitucionais será a necessidade de se adequar a leitura dessas normas aos princípios, às regras e à ideologia constitucionalmente adotada, sob pena de se inverter a hierarquia das leis, em que a norma mais simples e inferior consegue a eficácia que a Constituição não alcança"*[71].

Os princípios e valores, pois, representam, conforme a concepção de *Paulo Bonavides*, a matéria-prima da Nova Hermenêutica. E as normas que

---

[69] *Idem*, p. 280.
[70] BONAVIDES, Paulo. *Op. cit.*, p. 535.
[71] *Interpretação Constitucional sob Princípios*. p. 170.

tratam dos direitos fundamentais, não restam dúvidas, são aquelas que revelam, com maior ênfase, os princípios e valores que devem guiar a interpretação constitucional.

Eles, no atual constitucionalismo, ocupam o lugar que as normas voltadas ao estabelecimento de um Estado de Direito ocupava na idade do Estado liberal, devendo, por isso, receber a atenção que lhe é devida.

Os direitos fundamentais garantem às suas normas um *status* que lhes retira da tradicional dicotomia Direito Público e Privado e do qual resultam as seguintes inovações constitucionais:

1) irradiação dos direitos fundamentais a toda a esfera do Direito Privado;

2) elevação de tais direitos à categoria de princípios, passando a se constituir o mais importante polo de eficácia normativa da Constituição;

3) eficácia vinculante com relação aos três poderes;

4) aplicabilidade direta e imediata dos direitos fundamentais; e

5) fonte de inspiração, impulso e diretriz para a legislação, a administração e a jurisdição[72].

Em face destas considerações é que concordamos com o pensamento de *Lenio Streck* ao dizer que a atual dogmática jurídica tem se sustentado em dois pilares que têm se prestado a obstaculizar a realização dos direitos sociais: o primeiro deles, é o seu apego ao paradigma do modelo liberal individualista do Direito e, o outro, a manutenção do pensamento de que a linguagem é uma terceira coisa que se interpõe entre sujeito e objeto.

Lenio Streck, diante dessa constatação, sugere que se repense o papel da dogmática e veja-se nela um papel criativo, passando os operadores jurídicos a conhecerem as *"suas possibilidades hermenêuticas de produção de sentido"*[73].

De fato, a sua proposta é a de que, superados os modelos atualmente desempenhados pela dogmática jurídica, não se veja mais o Direito como uma sucessão de textos com sentidos latentes e pré-constituídos e sim, como uma sucessão de textos que estão à espera de alguém que lhes dê sentido[74].

A missão da hermenêutica, então, dentro dessa nova perspectiva, é a de que se rompa com este paradigma estabelecido pela dogmática jurídica que impede a efetivação dos direitos sociais.

---

[72] Sobre este rol de efeitos, conferir BONAVIDES, Paulo. *Op. cit.*, p. 548.
[73] *Hermenêutica Jurídica e(m) crise*, p. 232.
[74] *Ibidem*, p. 234.

É por demais importante que se tenha como certo que as Constituições Sociais devem ser interpretadas de forma diferente das Constituições Liberais, eis que já não consubstanciam mais normas que dizem respeito apenas aos direitos políticos, à organização dos poderes à estruturação do Estado. Elas trazem normas que se inserem diretamente na vida dos indivíduos, em geral mediante princípios que revelam os valores fundamentais de que resultou a sua pactuação.

A postura hermenêutica, portanto, diante de uma Constituição dessa natureza, como é a nossa de 1988, há de ser no sentido de realizá-la, continuamente, por meio da tarefa construtiva que é inerente à tarefa de todo intérprete.

Por fim, buscamos, mais uma vez, as lições de *Lenio Streck*, cuja propriedade é imensa ao afirmar que *"olhar o novo com os olhos do velho transforma o novo no velho"*[75]. Do mesmo modo, interpretar o Estado Democrático de Direito a partir do horizonte liberal-individualista-normativista, retira-lhe a possibilidade de implementação segundo as suas metas e objetivos. O Estado Social há de ser encarado segundo o modelo do Estado social e não, segundo o modelo do Estado liberal[76].

4.3. AS TEORIAS DE DIREITOS FUNDAMENTAIS E DA SUA RELEVÂNCIA INTERPRETATIVA

Em relação a este tema — e firmada a premissa de que os direitos constitucionais dos trabalhadores fazem parte dos direitos sociais que, por sua vez, caracterizam-se, sem dúvida, como direitos fundamentais —, não se poderia deixar de trazer à tona a atual discussão que se tem travado acerca das teorias de direitos fundamentais e a importância que assumem nos domínios da hermenêutica constitucional[77].

Há várias teorias sobre os direitos fundamentais. Lembramos a de *Paulo Bonavides*, que, aceitando a terminologia de *Bockenforde*, destaca três teorias: a liberal, a institucional e a dos valores[78].

4.3.1. A Teoria Liberal dos Direitos Fundamentais

A chamada Teoria Liberal dos Direitos Fundamentais foi desenvolvida com base nos valores que informaram e legitimaram o Estado Liberal desde

---

[75] *Ibidem*, p. 277.
[76] *Ibidem*, p. 277.
[77] BONAVIDES, Paulo. *Op. cit.*, p. 560-588.
[78] *Ibidem*, p. 560

o final do século XVIII, tomando todo o século XIX e parte do século XX, recebendo nítida influência dos princípios de direito natural.

Ela foi a expressão, desde que surgiu, do pensamento voltado à limitação da autoridade e da negação ao absolutismo vigorante.

Desse modo, houve necessidade de se colocar o indivíduo em posição de destaque, focando o centro de gravidade dos direitos fundamentais na pessoa de seu titular.

Justamente como oposição ao regime absolutista até então vigente, passa-se a ter uma concepção de liberdade indefinida para o indivíduo como um atributo da sua personalidade e não, uma prescrição do Estado. Não foi por outro motivo que o poder de intervenção do Estado era mínimo e, quando existente, cheio de freios e limitações.

A Constituição positivada, pois, era o símbolo da conquista da liberdade dos indivíduos contra o Estado e suas regras propugnavam, exatamente, a limitação da ação estatal. Em tal ordem de coisas, a hermenêutica tradicional cumpre o seu papel.

Surgem, então, as regras gramaticais (aptas a fixar o sentido vocabular), proposicionais (empregando o método lógico), genéticas (método histórico) e global (método sistemático).

"Para efeito de uma hermenêutica constitucional voltada para o Estado de Direito concebido como um estado mínimo, reduzido em suas funções, a interpretação tinha uma orientação de bloqueio — interpretação de bloqueio — conforme princípios de legalidade e estrita legalidade como peças fundantes da constitucionalidade."[79]

Na medida em que o Estado muda de atitude, as suas Constituições também mudam de feição. Passam a incorporar normas sobre matérias que antes eram deixadas apenas à autonomia da vontade privada. Modifica-se a noção da sociedade que de individualista passa a ser socialista.

Em face da teoria liberal, houve, no âmbito constitucional, o fortalecimento do princípio da proporcionalidade, o qual é sempre empregado nas operações interpretativas referentes aos direitos fundamentais. Ele se transformou numa espécie de instância revisora no sentido de garantir que o Poder Legislativo não ingressará mais do que lhe é facultado na limitação dos direitos fundamentais. Esse controle do controle faz mais eficaz e segura perante o Estado a proteção da liberdade do ser humano.

O princípio da proporcionalidade, assim, tende a salvaguardar os princípios liberais de resistência ao Estado, como consagrado pela doutrina liberal.

---

[79] *Ibidem*, p. 12.

Nas palavras lúcidas de *Paulo Bonavides*, *"aquele que interpreta direitos humanos e se rege pela teoria liberal colhe aí nessa filosofia do poder e de limitação do Estado os subsídios cardeais de orientação de sua pauta hermenêutica. Com recurso a critérios provenientes da concepção liberal, busca o hermeneuta dilucidar os questionamentos relativos à liberdade e à preservação dos valores de natureza tanto espiritual como material, subjacentes aos direitos fundamentais, e que legitimam a sociedade como reino da pessoa humana, ministrando-lhe um eficaz artefato de resistência ao arbítrio e abusos do Estado"*[80].

4.3.2. A Teoria Institucional dos Direitos Fundamentais

Passado o apogeu do liberalismo, os direitos fundamentais começaram a ser pensados segundo a teoria institucional, a qual já tem em vista o inevitável advento dos direitos sociais para o cenário jurídico.

Paulo Bonavides fala da relevância que o valor e a instituição passam a ter nesta teoria, definindo instituição como um complexo de expectativas de comportamento social, do qual decorrem três lados: o lado fático, o lado normativo e o lado metafísico[81].

Algumas mudanças advieram para a interpretação dos direitos fundamentais em face da teoria institucional:

1) o papel da lei foi revalorizado: se antes, a lei tinha por função limitar os direitos fundamentais, agora ela se transforma num instrumento positivo que não só possibilita como promove a liberdade; e,

2) a mudança do conceito de liberdade que passa a ficar gravado com um teor finalístico, ou seja, teleológico e, por isso, *"desatado por inteiro daquele sentido puro de abstração e generalidade de que se impregnava a noção clássica e individualista da liberdade"*[82].

Segundo *Paulo Bonavides*, duas fases podem ser indicadas como pertinentes a esta teoria institucional: aquela cujo expoente maior foi *Carl Schmitt* e a versão mais recente com *Peter Häberle*. Para este último, há de se passar de uma sociedade fechada dos intérpretes da Constituição para uma interpretação constitucional pela e para uma sociedade aberta. Segundo salienta *"no processo de interpretação constitucional estão potencialmente vinculados todos os órgãos estatais, todas as potências públicas, todos os cidadãos e grupos, não sendo possível estabelecer-se um elenco cerrado ou fixado com numerus clausus de intérpretes da Constituição"*[83].

---

[80] *Ibidem*, p. 568.
[81] *Ibidem*, p. 570.
[82] *Ibidem*, mesma página.
[83] *Hermenêutica Constitucional* ..., p. 13.

Propõe, ainda, que *"os critérios de interpretação constitucional hão de ser tanto mais abertos quanto mais pluralista for a sociedade"*[84].

No que se refere aos direitos fundamentais e aos excessos da ação legislativa que os limite, passou-se a advogar, segundo a teoria institucional, a existência de cláusulas de intangibilidade do texto constitucional e a empregar uma interpretação do alcance e da amplitude do princípio da proporcionalidade.

4.3.3. A Teoria dos Valores

A teoria dos valores passa a ganhar corpo e a ocupar o centro de atenções que, até então, pertencia ao institucionalismo jurídico, tendo *Rudolf Smend* papel de destaque nessa nova fase teórica a qual criou, com base em postulados axiológicos, *"o método científico-espiritual de interpretação da Constituição, colocando-se em posição adversa ao positivismo e criando um conceito novo tanto de Constituição como de direito fundamental"*[85].

É a partir daí que se tem o marco de nascimento do que hoje se chama Nova Hermenêutica.

O direito fundamental, à luz dessa teoria, não é norma no sentido habitual do positivismo normativista e sim, valor. *"Adquire, por conseguinte, o direito fundamental uma natureza distinta daquela que tinha na teoria subjetiva liberal; houve manifesta variação de significado e o novo sentido, impregnado de conteúdo valorativo, preside as regras interpretativas diferentes que doravante lhe são aplicáveis. Surge, assim, o método científico-espiritual e hierárquico-valorativo."*[86]

Em sendo tratado como valores ou como expressão de valores, os direitos fundamentais não podem se compadecer com o método jurídico tradicional.

A concepção de *Rudolf Smend* da Constituição como um sistema de valores é completamente oposta à de Kelsen que a vê como um sistema de normas.

Segundo essa nova concepção, a unidade da Constituição há de ser buscada no sistema de valores que ela incorpora. Desse modo, três mudanças podem ser verificadas em torno das concepções até então vigentes:

> 1) os direitos fundamentais deixam de ser apenas o *status negativus* e passam a abarcar todas as áreas do Direito e passam a ser a bússola da Constituição, norteando e governando todo o ordenamento jurídico;

---

[84] *Ibidem*, mesma página.
[85] BONAVIDES, Paulo. *Op. cit.*, p. 577.
[86] *Ibidem*, p. 578.

2) a Constituição deixa de ser um sistema de normas na imagem clássica do positivismo e passa a se constituir num sistema de valores e princípios;

3) de uma hermenêutica de subsunção, passa-se para a moderna hermenêutica na qual se concretiza o preceito constitucional, de tal sorte que concretizar é algo mais do que interpretar, é, em verdade, interpretar com acréscimo, com criatividade. Aqui ocorre e prevalece uma operação cognitiva de valores que se ponderam. Coloca-se o intérprete diante da consideração de princípios, que são as categorias por excelência do sistema constitucional[87];

4) por último, o princípio da proporcionalidade já não é mais encarado como um critério de contenção do arbítrio do poder e proteção da liberdade; há de ser visto como um excelente mecanismo de controle apto a resolver problemas derivados de uma eventual colisão de princípios e isto, sobretudo, no que se refere aos direitos fundamentais.

Agora, o princípio da proporcionalidade tem em mira a ponderação de prós e contras e a ponderação de interesses (ou de valores) passa a ser arma fundamental do intérprete na apreciação concreta em que os valores da Constituição, pertinentemente aos direitos fundamentais, entram em aparente conflito.

Nessa ponderação, há de se fazer prevalecer o valor que mais reflita o espírito da Constituição em determinado caso concreto.

A mudança de concepção do Estado, da Constituição e como, de resto, do Direito, exige a introdução de um elemento axiológico na interpretação jurídica de forma que *"pressupondo-se que uma constituição apresenta no seu corpo normativo, um sistema de valores, a aplicação de suas normas, por via interpretativa, se torna uma realização de valores"*[88].

De uma interpretação de bloqueio em que se consubstanciava a hermenêutica tradicional, hão de ser buscados, pelo hermeneuta, diante dessa nova realidade, *"procedimentos interpretativos de legitimação de aspirações sociais à luz da Constituição"*[89].

Nos dizeres de *Jorge Reis Novais*, *"na medida em que consubstanciam uma ordem objectiva ou sistema de valores que resultam de uma decisão constitucional, as normas de direitos fundamentais têm uma força conformadora, potencialmente expansiva a toda a ordem jurídica, que dirige ao poder político,*

---
[87] *Ibidem*, p. 585.
[88] FERRAZ JÚNIOR, Tércio Sampaio. *Interpretação e Estudos* ..., p. 12.
[89] *Ibidem*, mesma página.

à Administração, ao legislador e ao poder judicial impulsos e directivas de actuação"[90].

Após todas estas considerações, sentimo-nos confortáveis em afirmar que não se pode dizer o que a Constituição simplesmente é. Ela será o que os intérpretes fazem-na ser.

---

[90] *As Restrições dos Direitos Fundamentais não Expressamente Autorizadas pela Constituição*, p. 80.

PARTE II

PRIMEIRA QUESTÃO: ALCANCE DO ART. 60, § 4º, IV DA CONSTITUIÇÃO FEDERAL

Capítulo 1

ALCANCE DO ART. 60 § 4º DA CONSTITUIÇÃO FEDERAL

Após todas estas considerações, já nos sentimos confortáveis em defender que a Constituição, ao estabelecer a impossibilidade de emenda no que se refere aos direitos e garantias individuais, não se ateve, exclusivamente, aos direitos inseridos no art. 5º, englobando, também, os direitos sociais.

Pois bem. Vejamos o que a Constituição dispõe acerca da vedação de emenda no inciso IV do § 4º, IV do art. 60 da Constituição Federal, que é o dispositivo em especial análise no presente trabalho:

> "§ 4º Não será objeto de deliberação a proposta de emenda tendente a abolir:
>
> ...
>
> IV — os direitos e garantias individuais."

Uma interpretação literal do § 4º do art. 60 da CF levaria a concluir que apenas os direitos e garantias individuais postos no art. 5º da CF estivessem protegidos. Esta interpretação espelharia uma concepção arraigada ao formalismo jurídico e seria bem apropriada aos dogmas da Escola Liberal e sua versão de positivismo jurídico. Daí, dimanam, como visto, axiomas da razão individualista. No Estado de Direito Liberal, as garantias e direitos individuais galgaram um grau de normatividade e juridicidade superior a qualquer outro.

Há de se compreender, no entanto, antes de se dar uma resposta apressada à questão que ora se coloca, qual a justificativa para a existência dos limites de reforma à Constituição.

No particular, estamos com *Ingo W. Sarlet*, para quem, *"a existência de limites materiais justifica-se, portanto, em face da necessidade de preservar as decisões fundamentais do Constituinte, evitando que uma reforma ampla e ilimitada possa desembocar na destruição da ordem constitucional, de tal sorte que por detrás da previsão destes limites materiais se encontra a tensão dialética e dinâmica que caracteriza a relação entre a necessidade de preservação da Constituição e os reclamos no sentido de sua alteração*"[91].

Ora, uma reforma constitucional não poderá ameaçar a sua identidade, devendo ser mantidos os seus elementos essenciais que são justamente aqueles que espelham os seus valores fundamentais. Poderíamos, dizer, assim, que o que convencionalmente se chama de cláusulas pétreas são aqueles dispositivos onde residem os elementos essenciais da ordem constitucional.

Outra alternativa que se tem indicado consiste na interpretação da expressão direitos e garantias individuais como indicadora de que apenas os direitos fundamentais equiparáveis aos individuais do art. 5º poderiam ser considerados cláusulas pétreas[92]. Tal opção deságua na difícil tarefa de distinguir direitos individuais e não individuais, fazendo uma distinção (não autorizada) na fundamentalidade dos direitos sociais (sim, porque alguns direitos sociais são individuais, como, por exemplo, o direito de greve).

A interpretação que aqui sugerimos é de índole sistemática e tendo em vista tudo o quanto salientado na primeira parte do presente trabalho, está embasada, em resumo, nos fundamentos a seguir expostos:

> 1) o ordenamento jurídico não pode mais ser visto como um sistema fechado de regras, como queriam os positivistas; há de ser encarado como um sistema de regras, princípios e valores;
>
> 2) a interpretação das normas jurídicas, em face da nova concepção de ordenamento jurídico, não pode se ater mais ao sentido literal das palavras, senão ao sentido que mais se adequa às regras, princípios e valores imanentes e subjacentes ao sistema;
>
> 3) em face do princípio da unidade da Constituição e da Nova Hermenêutica que se inaugura no panorama do Estado Social, entre distintas possibilidades interpretativas, há de se eleger aquela que realmente, estabelecendo uma determinada concordância fática, elimina contradições e afiança a unidade do sistema;
>
> 4) a passagem do Estado Liberal para o Estado Social mudou o foco de atenção do indivíduo solitário para o indivíduo social, passando as normas jurídicas a serem interpretadas tendo em vista a equivalência entre normas que se dirigem a uns e outros e não, mais, com prevalência cega dos direitos individuais típicos de um sistema liberal.

---

[91] *Eficácia dos Direitos Fundamentais*, p. 355.
[92] Conferir a referência feita, a este propósito, por SARLET, Ingo Wolfgang. Ob. cit., p. 365.

A Constituição, por outro lado, deixa claro tratar-se o Estado brasileiro de um Estado Democrático e Social de Direito, o que revela a íntima vinculação dos direitos fundamentais sociais com a concepção adotada em nossa Constituição;

> 5) constituindo os direitos sociais (assim como os políticos) valores basilares de um Estado Social e Democrático de Direito, sua abolição acabaria por redundar na própria destruição da identidade da nossa ordem constitucional, o que, por evidente, se encontra em flagrante contradição com a finalidade precípua das "cláusulas pétreas";
>
> 6) com o Estado Social, surge uma série de princípios e, dentre eles, o da vedação de retrocesso social. Daí se tem que não se pode admitir norma constitucional derivada (emenda) ou norma infraconstitucional que tenda a não gerar uma melhoria na condição social do trabalhador. Ela seria inconstitucional por justamente não preencher esse requisito constitucional da melhoria da condição social do trabalhador;
>
> 7) Analisando-se os princípios fundamentais que constam do Título I da Lei Maior, observar-se-á que os direitos sociais recebem em nosso direito constitucional positivo uma garantia tão elevada e reforçada, que é legítima a sua inserção no mesmo âmbito conceitual da expressão direitos e garantias individuais;
>
> 8) no preâmbulo de nossa Constituição, já há referência de que a garantia dos direitos individuais e sociais, da igualdade e da justiça constitui objetivo permanente de nosso Estado. Tal previsão, como visto, há de iluminar toda a interpretação constitucional e servir de bússola na verificação de que valores devem nortear o jurista no caso de dúvida sobre que rumo tomar na sua tarefa hermenêutica;
>
> 9) ainda que se questionasse sobre o linguajar utilizado pelo Constituinte — direitos individuais — ver-se-ia que tal não teria o condão de limitar a norma do inciso IV do § 4º do art. 60 da CF aos direitos inseridos no art. 5º. Como salienta *Paulo Bonavides*, *"garantias sociais são, no melhor sentido, garantias individuais, garantias do indivíduo em sua projeção moral de ente representativo do gênero humano, compêndio da personalidade, onde se congregam os componentes éticos superiores mediante os quais a razão qualifica o homem os distritos da liberdade, traçando-lhes uma circunferência de livre-arbítrio que é o espaço de sua vivência existencial"*[93].

Ademais, como bem adverte *Ingo Wolfgang Sarlet* todos os direitos fundamentais consagrados na Constituição são, verdadeiramente, direitos

---

[93] BONAVIDES, Paulo. *Curso de Direito Constitucional.* p. 595.

de titularidade individual, ainda que alguns sejam de expressão coletiva (direito de voto, saúde, aposentadoria etc.)[94].

De outro modo, a se conceber que a expressão da norma em tela englobaria, apenas, os direitos inseridos no art. 5º da Constituição Federal, adotando, assim, uma exegese estritamente liberal, seria forçoso reconhecer que não apenas os direitos sociais (arts. 6º a 11), mas também os direitos de nacionalidade (arts. 12 e 13), bem como os direitos políticos (arts. 14 a 17) fatalmente estariam excluídos da proteção outorgada pelo dispositivo mencionado.

E mais. Para serem coerentes com a propalada literalidade interpretativa, até mesmo os direitos coletivos constantes no rol do art. 5º não seriam merecedores desta proteção.

Tal constatação deixa bastante claro que interpretação dessa natureza não pode prevalecer. Não seria razoável concluir que o mandado de segurança individual integra as cláusulas pétreas, ao passo que o mandado de segurança coletivo não o integra;

> 10) de outro modo, estamos com *Ingo Wolfgang Sarlet*, quando se manifesta contra a doutrina que acredita existirem direitos materialmente fundamentais e formalmente fundamentais, cabendo aos poderes constituídos decidir qual direito é, ou não, formal ou materialmente fundamental[95]. Tal doutrina, data venia, não leva a sério a vontade do Poder Constituinte eis que a submete aos desígnios do poder constituído que, então, teria o privilégio de opinar sobre o que é e o que não é fundamental; e

> 11) por fim, ainda que a intenção do Constituinte, ao redigir o texto constitucional, fosse excluir as normas de direito social da intangibilidade preconizada no art. 60, § 4º da CF, a nova hermenêutica não mais se compadece com a clássica e arcaica busca da intenção do legislador.

Se tal busca fosse parâmetro interpretativo, não se poderia explicar a sobrevivência de antigos textos legislativos a novos contextos sociais.

Há de ocorrer o que *Emilio Betti* denominou de conversão interpretativa. Um texto redigido em determinado contexto social há de ser reinterpretado para que continue sendo aplicado a novo contexto social[96].

Se não fosse assim, não se poderia explicar que nosso Código Civil anterior, de 1916, praticamente cópia do Código de Napoleão de 1804, tivesse sobrevivido até o século XXI.

---

[94] *Op. cit.*, p. 366.
[95] *Ibidem*, p. 367.
[96] BETTI, Emilio. *La interpretacion de leyes y actos jurídicos.* p. 86.

Assim, ainda que a intenção do legislador tivesse sido a de abarcar apenas os direitos do art. 5º no inciso IV do § 4º do art. 60 da CF, o moderno contexto social em que vivemos, a crença da necessidade de implantação e reforço de um Estado Social nos leva a incluir, também, os direitos sociais — e, portanto, os direitos dos trabalhadores inseridos na Constituição — na proteção ali inserida. Só esta interpretação poderá se adaptar à realidade e às necessidades atuais.

Como diz *Paulo Bonavides*, interpretar significa concretizar. A Constituição não é algo que pertence ao mundo do ser de forma metafísica e sim, o que a fazemos ser.

PARTE III

SEGUNDA QUESTÃO: A AUTONOMIA PRIVADA E A IRRENUNCIABILIDADE DOS DIREITOS TRABALHISTAS

Capítulo 1

DA AUTONOMIA PRIVADA LIBERAL AOS POSTULADOS DE UM ESTADO DE BEM-ESTAR SOCIAL

1.1. CONSIDERAÇÕES GERAIS

A só exposição de tudo o que se escreveu até o momento, já poderia ser suficiente para que se chegue à conclusão sobre a segunda questão aqui posta, qual seja, a possibilidade ou não de renúncia de direitos trabalhistas por parte do trabalhador e, caso possível, em que limites isto poderá se dar.

Isso não obstante, faremos uma breve exposição sobre a autonomia privada em sua concepção clássica e a que hoje se propõe em face da mudança do paradigma axiológico das relações jurídicas.

1.2. DA AUTONOMIA PRIVADA NO ESTADO SOCIAL

Já no início do século XX, *Leon Duguit* falava nas transformações ocorridas nos ramos tradicionalmente identificados como direito público e direito privado[97].

Indicava, como peças essenciais do sistema civilista, a liberdade individual, o princípio da inviolabilidade do direito de propriedade, o contrato e a responsabilidade individual por culpa.

Sobre a autonomia da vontade, no sistema civilista, afirmava *Leon Duguit* que ela se resumia em quatro proposições:

- todo sujeito de direito deve ser um sujeito de vontade;

- todo ato de vontade de um sujeito de direito está socialmente protegido como tal;

- está protegido contanto que tenha um objeto lícito; e

- toda situação jurídica é uma relação entre dois sujeitos de direito, dos quais um é sujeito ativo e o outro, passivo[98].

---
[97] DUGUIT, Leon. *Las Transformaciones del Derecho (Público y Privado).* p. 183-184.
[98] *Ibidem*, p. 195.

Naquela época, *Leon Duguit* já se pronunciava no sentido de que esta construção era lógica para o sistema individualista a que pertencia, não se conformando, no entanto, com os fatos que lhe sucederam e as tendências socialista e associacionista de nossa época.

A licitude do objeto já não era suficiente, segundo *Leon Duguit*, para que a ordem jurídica protegesse um ato de vontade, devendo-se averiguar o elemento-fim e o valor social desse elemento[99].

Para ele, todo o indivíduo tem na sociedade uma certa função, a qual, se descumprida, ocasionará a desordem ou um prejuízo social. Desse modo, todos os atos que realiza e que são contrários à função devem ser reprimidos. Isto porque a regra jurídica que se impõe aos homens repousa no fundamento da estrutura social, na necessidade de manter coerentes entre si os diferentes elementos sociais pelo cumprimento da função social que incumbe a cada indivíduo, a cada grupo. É assim que uma concepção socialista do Direito substitui a concepção individualista tradicional[100].

Na concepção individualista tradicional, o patrimônio ocupava um lugar de destaque mas não para preservar os atributos da personalidade individual e, sim, para a garantia de terceiros[101].

Nessa visão, pois, havia uma clara cisão entre os atributos da personalidade e as relações jurídicas de cunho patrimonial, sendo o nosso Código Civil de 1916 um espelho fiel do patrimônio como valor nuclear privado tradicional.

Carlos Fernandez Sessarego pronuncia-se, diante desse contexto, no sentido de que, não há mais espaço para tal visão.

"Há que se privilegiar uma ideia personalista, que coloque o homem como centro do Direito, em oposição à postura patrimonialista que apresenta a propriedade como o grande centro do interesse da dogmática jurídica."[102]

Propõe *Leon Duguit*, ainda, que se supere a visão tradicional individualista do homem fundada no patrimônio, eis que ele só pode ser apreendido pelo direito em sua dimensão coexistencial.

Esse processo traz a ideia de função social das instituições jurídicas. *"A pessoa, e não o patrimônio, é o centro do sistema jurídico, de modo que se possibilite a mais ampla tutela da pessoa, em uma perspectiva solidarista que se afasta do individualismo que condena o homem à abstração."*[103]

---

[99] *Ibidem*, p. 211-212
[100] *Ibidem*, p. 180.
[101] FACCHIN, Luiz Edson. *Estatuto Jurídico do Patrimonio Mínimo*. p. 45.
[102] FACCHIN, *Apud* Luiz. *Op. cit.*, p. 48.
[103] FACCHIN, Luiz Edson Facchin. *Op. cit.*, p. 51.

Nessa esteira, não há, pois, direito subjetivo arbitrário, mas sempre limitado pela dimensão coexistencial do ser humano.

A Constituição brasileira de 1988, no particular, trouxe princípios e valores rearticuladores do universo privado, agora centrado na dignidade humana.

Daí se falar, hoje, da função social do contrato. Isso porque, todo e qualquer instituto jurídico tem uma destinação social. Todo instituto jurídico é criado, não só *"para o movimento das riquezas do mercado"*[104] ou para fins meramente egoísticos, mas, principalmente, para servir à coletividade. Por meio da noção de função social impõe-se conceber que o ato ou a relação jurídica não interessa apenas às pessoas diretamente envolvidas, mas a todos que o cercam (o ato ou a relação jurídica) e que são por ele afetados. Interessa à coletividade.

Seu substrato constitucional está no art. 2º, inciso I, da Carta Magna de 1988, que impõe como objetivo fundamental da República brasileira a construção de uma *"sociedade livre, justa e solidária"*. Encontra fundamento, portanto, no princípio da solidariedade[105].

A função social encontra respaldo, ainda, na Carta da República quando esta impõe o respeito à dignidade da pessoa humana e os valores sociais do trabalho e da livre-iniciativa (art. 1º, incisos I e IV), estabelecendo que a ordem econômica está fundada na valorização do trabalho humano e na livre-iniciativa, tendo por fim assegurar a todos uma existência digna, *"conforme os ditames da justiça social"* (art. 170, *caput*). Vale frisar: conforme art. 1º inciso IV, da CF, o Brasil deve se fundar nos valores sociais do trabalho e da livre-iniciativa, isto é, no valor social do trabalho e no valor social da livre-iniciativa. A livre-iniciativa, portanto, só pode ser entendida enquanto valor social e em conjunto com o valor social do trabalho.

Destaque-se, ainda, que a constitucionalização do princípio da valorização do trabalho humano impõe uma nova tomada de posição frente ao direito do trabalho infraconstitucional. E, *"valorizar o trabalho humano, conforme o preceito constitucional, significa defender condições humanas de trabalho, além de preconizar por justa remuneração e defender o trabalhador contra abusos que o capital possa desarrazoadamente proporcionar"*[106].

Além disso, vale lembrar que a *"ordem econômica se realiza mediante contratos, uma vez que a atividade econômica é um complexo de atos contratuais direcionados a fins de produção e distribuição de bens e serviços que atendem às necessidades humanas e sociais"*[107].

---

[104] MARQUES, Cláudia Lima. *Contratos no Código de Defesa do Consumidor*. p. 979.
[105] NEGREIROS, Teresa. *Teoria do Contrato. Novos paradigmas*. p. 207.
[106] BOCORNY, Leonardo Raupp. *A Valorização do Trabalho Humano no Estado Democrático de Direito*. p. 73.
[107] FIÚZA, César e ROBERTO, Giordano Bruno Soares. *Contratos de adesão*. p. 95.

Pode-se, assim, afirmar-se que *"o epicentro do direito contratual, diante da Constituição, não pode ser mais a autonomia da vontade, mas a dignidade da pessoa humana. Os contratos assumem uma função social, enquanto instrumentos de circulação de riquezas, para promoção de uma sociedade livre, justa e solidária"*[108].

É oportuno relembrar, neste ponto, a enorme influência que as teorias de direitos fundamentais desempenham nas relações privadas, por meio da tão conhecida "eficácia horizontal", que exprime o reflexo dos direitos fundamentais na relações jurídicas entre particulares[109].

Ora, tal eficácia se funda na concepção de que a Constituição é uma ordem axiologicamente comprometida, *"acolhendo um sistema de valores em que o direito ao livre desenvolvimento da personalidade e o princípio da dignidade da pessoa humana ocupam lugar central, constituindo o próprio capítulo dos direitos fundamentais uma ordem objectiva de valores que aspira a uma validade geral em todos os ramos do Direito e da qual, enquanto decisão jurídico-constitucional fundamental, o legislador, a Administração e os tribunais recebem directivas e impulsos"*[110].

Dessas considerações resulta que não pode qualquer disposição de quaisquer ramos dos direitos contrariar aquele sistema de valores acolhidos pela Constituição e expressos, principalmente, pelo feixe de direitos fundamentais nela alinhados.

Desse modo, *"o contrato é um importante instrumento de interação social, promovendo a cooperação entre as pessoas, como no caso dos contratos associativos, ou a circulação de produtos e serviços, como nos demais contratos. Portanto, a teoria contratual tem um papel a desenvolver na construção de uma sociedade mais justa ... É a função social dos contratos"*[111]. E, neste aspecto, o contrato se aproxima da lei, por afinidade, já que esta também cumpre uma finalidade social[112].

Não é à-toa que, cresce cada vez mais, a doutrina que sustenta que se deve interpretar (ou dar nova interpretação) às normas infraconstitucionais a partir e conforme a Constituição, inclusive as normas contratuais[113]. Isso porque, *"qualquer norma ou cláusula contratual, por mais insignificante que pareça, deve se coadunar e exprimir a normativa constitucional. Sob essa ótica, as normas de direito civil necessitam ser interpretadas como reflexo de*

---

[108] *Ibidem*, p. 92-93.
[109] Conferir, a propósito, ALEXY, Robert. *Teoria de los Derechos Fundamentales*. p. 511.
[110] NOVAIS, Jorge Reis. *As Restrições aos Direitos Fundamentais não Expressamente Autorizadas pela Constituição.* p. 81.
[111] FIÚZA, César e ROBERTO, Giordano Bruno Soares. Ob. cit., p. 95.
[112] GOTTSCHALK, Egon Félix. *Norma Pública e Privada no Direito do Trabalho.* p. 275-276.
[113] NEGREIROS, Teresa. *Fundamentos para uma Interpretação Constitucional do Princípio da Boa-fé.* p. 214.

normas constitucionais. A regulamentação da atividade privada (porque regulamentação da atividade quotidiana) deve ser, em todos os seus momentos, expressão da indubitável opção constitucional de privilegiar a dignidade da pessoa humana. Em consequência, transforma-se o direito civil: de regulamentação da atividade econômica individual, entre homens livres e iguais, para regulamentação da vida social, na família, nas associações, nos grupos comunitários, onde quer que a personalidade humana melhor se desenvolva e sua dignidade seja mais amplamente tutelada"[114].

"A nova concepção de contrato é uma concepção social deste instrumento jurídico, para a qual não só o momento da manifestação da vontade (consenso) importa, mas onde também e principalmente os efeitos do contrato na sociedade serão levados em conta e onde a condição social e econômica das pessoas nele envolvidas ganha em importância"[115].

E se as lições acima são aplicadas ao direito civil, quiçá se dirá do direito do trabalho, que está diretamente vinculado aos valores esculpidos nos arts. 2º, inciso I, 6º a 11 e 170, *caput*, da Carta Magna de 1988. Nas lições de *Amauri Mascaro Nascimento*, *"não que os demais ramos do direito não cumpram, também, uma função social que é a finalidade de todo o ordenamento jurídico enquanto complexo de normas destinadas a reger as relações jurídicas que se desenvolvem na convivência entre as pessoas na sociedade. Mas, como corretamente já se disse, o direito do trabalho é o mais social dos ramos do direito. Como 'direito do trabalho', empenha, de um lado, a própria pessoa do prestador, já que o trabalho é intrínseco à própria pessoa, é uma extensão do próprio prestador, indissociável que é o trabalho daquele que exerce, com o que as suas normas não podem ser interpretadas à luz dos mesmos postulados que regem a hermenêutica de uma relação comum de direitos e obrigações"*[116].

Nesta trilha, farta doutrina cita como violadores da função social todos os atos que ofendem os direitos fundamentais, em especial os direitos da personalidade, incluindo-se entre estes últimos tudo o que está relacionado ao homem em função de sua própria natureza, a exemplo da vida, integridade física e psíquica, corpo, honra, identidade, sigilo, liberdade, imagem, voz, recato, pensamento, intimidade, sentimento religioso, crenças, manifestações do intelecto (direitos autorais) etc.[117]. Em suma, os direitos físicos, os direitos psíquicos e os direitos morais do ser humano[118]. Assim, o contrato, de mero instrumento de circulação de riquezas, transformou-se em instrumento de

---

[114] MORAES, Maria Celina Bodin de. *A Caminho de um Direito Civil Constitucional.* p. 68.
[115] MARQUES, Cláudia Lima. *Op. cit.*, p. 175.
[116] *Princípios do Direito do Trabalho e Direitos Fundamentais do Trabalhador.* p. 907.
[117] LISBOA, Roberto Senise. *Contratos Difusos e Coletivos.* p. 110, e BITTAR, Carlos Alberto. *Os Direitos de Personalidade.* p. 16-17.
[118] BITTAR, Carlos Alberto. *Op. cit.*, p. 17.

proteção dos direitos fundamentais[119], pois não se concebe *"o homem como sujeito isolado (indivíduo-livre) senão como membro ativo de uma sociedade plural na qual todos são igualmente livres"*[120].

Óbvio, ainda, que sempre que ocorrer a violação dos direitos sociais dos trabalhadores, enquanto direitos humanos fundamentais[121], também estaremos diante da violação da função social do ato ou negócio jurídico.

A teoria da função social, nos atos e negócios jurídicos, por sua vez, parte do pressuposto de que *"o homem natural, isolado, que nasce livre e independente de outros homens, e com direitos constituídos por essa mesma liberdade e essa mesma independência, constitui uma abstração desvinculada da realidade. O ser humano nasce integrando uma coletividade; vive sempre em sociedade e assim considerando só pode viver em sociedade. Nesse sentido, o ponto de partida de qualquer doutrina relativa ao fundamento do direito deve basear-se, sem dúvida, no homem natural; não aquele isolado e livre que pretendiam os filósofos do século XVII, mas o indivíduo comprometido com os vínculos de solidariedade social. Não é razoável afirmar que os homens nascem livres e iguais em direito, mas sim que nascem partícipes de uma coletividade e sujeitos, assim, a todas as obrigações que subentendem a manutenção e desenvolvimento da vida coletiva"*[122].

Em relação especificamente ao contrato, o cumprimento da sua função social, encontra amparo, ainda, no art. 421 do Código Civil. E, por tal dispositivo, a função social deixa de ser apenas parâmetro de interpretação da vontade, mas se impõe como limite ao exercício do direito. Em suma, *"o direito subjetivo de contratar e a forma de seu exercício também são afetados pela funcionalização, que indica a atribuição de um poder tendo em vista certa finalidade ou a atribuição de um poder que se desdobra como dever, posto concedido para a satisfação de interesses não meramente próprios ou individuais, podendo atingir também a esfera dos interesses alheios"*[123].

Neste sentido, a função social do contrato desempenha dois papéis: adjetiva e substantiva. Adjetiva como condicionante. Neste caso, a função social tem por fim limitar a liberdade de contratar. Parte-se do pressuposto de que as partes têm a liberdade para contratar, mas desde que condicionado ao cumprimento da função social.

A cláusula de função social, porém, também exerce uma função substantiva, enquanto *"elemento integrante do conceito de contrato"*[124]. Neste

---

[119] MARQUES, Cláudia Lima. *Op. cit.*, p. 213.
[120] CASTRO, Mônica Neves Aguiar da Silva. *Honra, imagem, vida privada e intimidade, em colisão com outros direitos.* p. 86.
[121] LEITE, Carlos Henrique Bezerra. *Dos Direitos Sociais aos Interesses Metaindividuais Trabalhistas.* p. 66.
[122] DUGUIT, Léon. *Fundametos do Direito.* p. 15-16.
[123] MARTINS-COSTA, Judith *et alii. Diretrizes Teóricas do Novo Código Civil*, p. 158.
[124] *Ibidem*, p. 159.

caso, parte-se do entendimento de que, é por ser o contrato *"dotado de função social que a liberdade contratual encontra limites"*[125]. Assim, não se parte do pressuposto de que as partes têm a liberdade de contratar e que esta fica limitada pela função social. Há de se partir, em verdade, do pressuposto de que, existe uma função social que pode ser alcançada mediante a concessão do direito de contratar. O direito de contratar, pois, encontra fundamento na função social do contrato.

Pode-se lembrar, ainda, que o contrato tem três funções: uma econômica, outra regulatória e, por fim, a social. Por meio da função econômica, o contrato serve de instrumento à circulação de riquezas; mediante a função regulatória, os contratantes estabelecem as regras voluntariamente assumidas; por fim, pela função social, o contrato procura satisfazer os interesses sociais.

Os interesses sociais seriam aqueles que dizem respeito ao homem socialmente vinculado e não tão-somente ao homem isoladamente considerado[126]. O homem no meio em que vive, seja como membro de uma família, de um sindicato, como acionista, condômino, empregado, membro de uma associação de bairro ou clube social, ou, simplesmente, integrante da comunidade em que vive.

"O interesse social tem sua origem, na verdade, no próprio princípio da isonomia entre as pessoas — e, como decorrência, nos princípios da liberdade e da autonomia da vontade privada à luz da função social ... constitui-se no asseguramento dos direitos tidos como direitos sociais fundamentais subjetivos, entre eles os previstos na Constituição Federal: os direitos da personalidade e liberdades públicas em geral (art. 5º); o direito de contratar, bem como o da propriedade individual ou coletiva, observando-se as suas funções sociais; os direitos sociais do trabalho, da saúde, da previdência e da assistência social (arts. 194 a 204); o direito à Educação e à Cultura (arts. 205 a 216); os direitos da família e da entidade familiar, assim como os do idoso, da criança e do adolescente (arts. 226 a 230)."[127]

Em suma, *"a valorização da pessoa passa a ser a preocupação principal, e não o patrimônio"*[128]. Pode-se afirmar, ainda, que *"a função social do contrato, enfim, garante a humanização dos pactos, submetendo o direito privado a novas transformações"*[129].

O contrato, portanto, deve servir, não só como *"instrumento de justa circulação de riquezas entre as partes, mas também atender aos interesses sociais que estejam acima dos particulares, pois, em última análise, a proteção*

---

[125] *Ibidem*, mesma página.
[126] BIERWAGEN, Mônica Yoshizato. *Princípios e Regras de Interpretação dos Contratos no Novo Código Civil*. p. 43.
[127] LISBOA, Roberto Senise. *Op. cit.*, p. 70-71.
[128] ARAÚJO, Francisco Rossal de. *A Boa-fé no Contrato de Emprego*, p. 30.
[129] SANTOS, Antonio Jeová. *Função Social, Lesão e Onerosidade Excessiva nos Contratos*. p. 146.

aos direitos sociais nada mais é que a consagração dos direitos de igualdade e de liberdade"[130].

Assim, ao lado do interesse individual do contratante, é preciso satisfazer o interesse da coletividade. E em tal sentido, o contrato, como todo e qualquer ato, há de ser fonte de equilíbrio social.

Como se vê, não se pode mais dar à autonomia privada a concepção que antes dela se tinha, à luz de critérios civilistas tradicionais. Há de se fazer uma releitura do direito do trabalho à luz da Constituição (como de resto dos demais ramos do direito) e privilegiar, não mais o patrimônio e sim, a pessoa e em particular a dignidade da pessoa humana, *"o desenvolvimento da sua personalidade, os direitos sociais e a justiça distributiva, para cujo atendimento deve se voltar a iniciativa econômica privada e as situações jurídicas patrimoniais"*[131].

Fala-se, então, em uma repersonalização do direito privado, representando a sua ligação incindível com a pessoa e os seus direitos. O Direito há de ser encarado como sistema axiológico que deve ter o homem como o primeiro e mais imprescritível dos valores[132].

Pronunciando-se sobre o tema, *J. J. Gomes Canotilho* afirma que a problemática não é nova. *"A afirmação da igualdade de todos os indivíduos, a supressão da hereditariedade dos cargos públicos e, sobretudo, a proibição da escravatura podem considerar-se como exemplos radicais da eficácia directa dos direitos fundamentais na ordem jurídica privada."*[133]

Na própria CLT, já encontramos regras que nos permitem vislumbrar um feixe axiológico de valores voltados para a proteção da pessoa. Já não se dá preponderância à autonomia da vontade como as normas de direito civil.

Veja-se, então, que um dos pilares do sistema civilista clássico já não era tão absoluto assim, como propunham seus árduos defensores nos primórdios de seu surgimento.

Não paramos, entretanto, por aí.

Como já dito anteriormente, a nossa Constituição de 1934 trouxe, pela primeira vez, disposições atinentes a direitos sociais dos trabalhadores, surgindo a CLT em 1943 com normas amplamente protetivas.

Desde que as constituições compromissórias inseriram em seus textos normas de direito social, avultaram em importância e quantidade as garantias

---

[130] BIERWAGEN, Mônica Yoshizato. *Op. cit.*, p. 45.
[131] *Ibidem*, p. 83.
[132] Neste sentido, FACCHIN, Luís Edson. *Op. cit.*, p. 264.
[133] *Civilização do Direito Constitucional ou Constitucionalização do Direito Civil? A Eficácia dos Direitos Fundamentais na Ordem Jurídico Civil no Contexto do Direito Pós-Moderno.* p. 110.

da classe proletariada. Adveio a CLT com o espírito que, na época, foi amplamente denominado de paternalista, tornando-se, hoje, indiscutível que o empregado não pode se despir das garantias mínimas que lhe são deferidas.

O estigma do liberalismo clássico, todavia, ainda permeia as nossas mentes, tornando-nos prisioneiros de uma cultura que já não mais se coaduna com os dias atuais, com o homem atual.

Fala-se de uma flexibilização do direito do trabalho. Que flexibilização é esta? A que interesses ela atende? Aos interesses de uma Constituição que inaugura o Estado do Bem-Estar Social ou a interesses apegados à herança liberal clássica?

Os direitos de defesa (de liberdade) surgidos com o liberalismo clássico, hoje já são inquestionáveis e a eles se dá uma importância tal como se os demais fossem menos importantes.

Os direitos sociais, no entanto, como os demais direitos fundamentais, são tão importantes quanto os outros, porque surgiram nas mesmas circunstâncias em que aqueles: quando houve demanda para o seu surgimento. Precisamos estabelecer uma cultura que firme estes direitos com a mesma importância que aqueles, colocando-os no lugar onde merecem ser colocados.

Assim, pensamos que o homem não pode dispor de seus direitos fundamentais, a não ser nos estritos limites permitidos pelas próprias jurídicas em vigor: todos estes direitos são necessários para que tenha uma vida com dignidade.

Capítulo 2

PRINCÍPIOS DE DIREITO INDIVIDUAL DO TRABALHO

2.1. CONSIDERAÇÕES GERAIS

Para fundamentar nosso entendimento no que se refere à segunda questão posta, não podemos deixar de falar sobre os princípios que regem o direito do trabalho, os quais, como se verá, estão inteiramente de acordo com os objetivos de surgimento deste ramo de regência dos contratos trabalhistas.

São várias as concepções em torno dos princípios e suas classificações e um maior discurso em torno deles fugiria aos limites do presente trabalho. Por tais motivos, para os fins aqui propostos, preferimos discorrer sobre os princípios de direito do trabalho que gozam de aceitação mais uniforme pela doutrina, conforme a seguir indicados.

Assim, por exemplo, *Mauricio Godinho Delgado*, entende que são princípios desse ramo especializado os da proteção, da norma mais favorável, da imperatividade das normas trabalhistas, da indisponibilidade dos direitos trabalhistas, da condição mais benéfica, da inalterabilidade contratual lesiva e da intangibilidade salarial[134].

Américo Plá Rodriguez cita os princípios da proteção (envolvendo as regras do *in dubio pro operario*, da norma mais favorável e da condição mais benéfica), da irrenunciabilidade, da continuidade, da primazia da realidade, da razoabilidade e da boa-fé[135].

Alfredo J. Ruprecht prefere indicar os princípios da proteção, da irrenunciabilidade, da continuidade, da realidade, da boa-fé, do rendimento, da racionalidade, da colaboração, da não-discriminação, da dignidade humana, da justiça social, da equidade, da integralidade e da intangibilidade dos salários e da gratuidade dos procedimentos judiciais trabalhistas[136].

Luiz de Pinho Pedreira da Silva, por sua vez, menciona os seguintes princípios especiais do direito do trabalho: da proteção, do *in dubio pro operario*, da norma

---

[134] *Curso de Direito Individual do Trabalho*, p. 196 e segs.
[135] *Princípios de Direito do Trabalho, passim.*
[136] *Os Princípios do Direito do Trabalho, passim.*

mais favorável, da condição mais benéfica, da irrenunciabilidade, da igualdade, da razoabilidade e da primazia da realidade[137].

Dos princípios acima citados, tem-se como induvidoso que o da proteção (do favor) é aceito de forma unânime e, como já visto, a proteção foi a própria propulsora do surgimento do direito do trabalho como ramo jurídico autônomo. Ele, por sua vez, entendido de forma mais ampla, envolve os sub-princípios do *in dubio pro operario*, da norma mais favorável e da condição mais benéfica e da inalterabilidade contratual lesiva.

O princípio da irrenunciabilidade, outrossim, é outro princípio sempre citado pelos doutrinadores. Ele, portanto, não pode deixar de ser abordado até por conta da importância do mesmo em relação ao tema aqui desenvolvido. E, neste princípio, pensado de forma ampla, podemos incluir os que têm em vista a proteção dos salários (da integralidade e da intangibilidade) e o da imperatividade das normas trabalhistas.

O terceiro princípio sempre mencionado é o da primazia da realidade que por ser tão caro ao direito do trabalho, não pode ser deixado de lado.

Os princípios da boa-fé, da razoabilidade, da racionalidade, da colaboração (subprincípio derivado da boa-fé), da não-discriminação, da dignidade humana, da justiça social e da equidade, não chegam a ser específicos do direito do trabalho. Daí por que deixamo-los de lado neste trabalho.

Do mesmo modo, resta afastado de qualquer comentário o princípio da gratuidade dos procedimentos judiciais trabalhistas, já que este se refere ao direito processual, bem como da continuidade que, por sua vez, não alcança maior relevo.

Outrossim, incluiremos em nossa abordagem o princípio do não-retrocesso social, decorrente das Constituições Sociais, ainda que não citado pelos doutrinadores laboralistas.

2.2. PRINCÍPIO DA PROTEÇÃO

Por este princípio amplo, as regras, institutos, princípios e presunções próprias do direito do trabalho têm por objetivo formar uma teia de proteção à parte hipossuficiente na relação empregatícia — o trabalhador —, visando a retificar ou atenuar, no plano fático-jurídico, o desequilíbrio inerente ao plano somente fático do contrato de trabalho[138].

---

[137] *Principiologia de Direito do Trabalho*, passim.
[138] Há quem negue a existência do princípio da proteção entendendo que esta é a finalidade do direito do trabalho, cf. CAMARGO, Antonio Bonival. *Princípios e Ideologias Aplicadas na relação de Emprego*. p. 425-431. *Data venia*, a finalidade do direito do trabalho é, em verdade, buscando pacificar os interesses antagônicos, regular os conflitos existentes entre o capital e o trabalho.

Tal princípio, como se observa, tem íntima relação com a transformação do Estado Liberal em Estado Social, representando as normas trabalhistas uma das faces da intervenção estatal nas relações privadas que se fez necessária em dado momento.

O direito do trabalho é expressão da ideia que se firmou de que não bastaria a liberdade formal eis que esta oprimia aqueles que faziam parte do lado mais fraco da relação. A sua vontade não poderia, jamais, ser entendida como manifestada de forma livre e consciente, fruto da autonomia da vontade e sim, da necessidade que se fazia premente de sobrevivência em uma sociedade capitalista de índole liberal.

Assim, tradicionalmente, apontam-se dois fundamentos para este princípio. O primeiro, e mais citado, é o da debilidade econômica do trabalhador em face do empregador. Este último, por deter os meios de produção, tende a impor sua vontade ao contratar, gerando maior desequilíbrio na relação jurídica formada[139].

O segundo fundamento do princípio protetor é o desequilíbrio causado pela debilidade jurídica do empregado. Essa debilidade se extrai da subordinação jurídica do empregado ao empregador, ficando aquele sujeito às ordens deste, *"revestindo-se o contrato de trabalho da singularidade de ser, entre os contratos, o único em que há entre as partes uma relação de poder, a supremacia de uma delas (o empregador) sobre a outra (o empregado)"*[140].

No Estado Social de Direito, no entanto, o fundamento do princípio do favor não é somente um dado (objetivo) calcado na propriedade e segundo uma visão patrimonialista, verificada na supremacia fática do empregador, que detém os meios de produção (propriedade), e que, por isso mesmo, precisa ser compensada (a supremacia empresarial) com uma maior proteção dispensada ao empregado.

Este princípio, em verdade, tem caráter subjetivo, fundado no princípio da dignidade da pessoa do trabalhador e *"conforme uma visão humanista do Direito do Trabalho"*[141]. E nossa Carta Magna é pródiga em apontar neste sentido, extraindo-se de seus preceitos o princípio protetor.

Como já dito anteriormente, desde o preâmbulo, o constituinte pátrio pontificou a necessidade de exercício dos direitos sociais como próprios ao Estado de Direito que ali se proclamada existente. Por outro lado, logo no art. 1º da Constituição Federal está preceituado que a nossa República tem por fundamento a dignidade da pessoa humana (inciso III) e os valores sociais

---

[139] Por todos, RODRIGUEZ, Américo Plá. Ob. cit., p. 30-33.
[140] SILVA, Luiz de Pinho Pedreira da. Ob. cit., p. 22.
[141] HOFFMANN, Fernando. *O Princípio da Proteção ao Trabalhador e a Atualidade Brasileira*. p. 53.

do trabalho e da livre iniciativa (inciso IV). Destaque — mais um vez — que este último preceito indica como fundamento da nossa sociedade não só valor social do trabalho, mas também o valor social da livre-iniciativa, revelando que este pilar do sistema capitalista (a livre-iniciativa), ao lado da propriedade (que deve cumprir sua função social), também foi contaminado pelos valores socializantes da solidariedade.

Não há livre-iniciativa sem valor social. Ela está no mesmo patamar do valor social do trabalho e com ele há de conviver em harmonia.

Extrai-se, outrossim, o princípio protetor do preceituado no art. 3º da Constituição Federal quando esta indica que constitui objetivo fundamental de nossa República a construção de uma sociedade livre, justa e solidária, que, evidentemente, é alcançada quando não se explora ou espolia a pessoa humana. Quando, ainda, no art. 6º se aponta como direito social, entre outros, o trabalho, estabelecendo-se que, além daqueles elencados no art. 7º, aos trabalhadores são assegurados outros direitos que visem *"à melhoria de sua condição social"* (art. 7º, *caput*).

Por fim, pode-se citar o *caput* do art. 170 da Constituição Federal, quando este estabelece que a ordem econômica é fundada *"na valorização do trabalho humano e na livre iniciativa"*, lembrando que esta última deve observar seu valor social (art. 1º, inciso IV, da CF/88).

Tudo isso conduz à conclusão de que o novo texto constitucional, ao valorizar o trabalho humano, como consequência lógica, aliás, da aplicação do princípio de proteção à dignidade da pessoa humana, estabeleceu um amplo arcabouço jurídico tendente à proteção do trabalhador[142], ainda que não tão implícito como em relação ao consumidor, para quem o constituinte dedicou uma disposição afirmando o caráter protetivo da legislação infraconstitucional (art. 170, inciso V).

E tudo isso decorre da singularidade do contrato de emprego, que tem a pessoa humana, não só como sujeito do mesmo, mas como seu objeto, pois o trabalhador não põe em jogo o que tem, mas o que ele é. O corpo da pessoa do trabalhador acaba sendo o lugar, a passagem obrigatória para realização das obrigações contratadas. O corpo considerado em sua dimensão biológica, soma da matéria (corpo) e do espírito.

Evidentemente que não se quer dizer que a inteira pessoa é objeto da prestação laboral. Em verdade, só aproximadamente se pode afirmar que o corpo (a força física, intelectual etc.) constitui a matéria e objeto do compromisso do trabalhador, pois a este são asseguradas as liberdades públicas, a proteção à vida privada, à vida íntima, suas opiniões etc.[143]

---

[142] BOCORNY, Leonardo Raupp. *A Valorização do Trabalho Humano no Estado Democrático de Direito.* p. 73.
[143] SUPIOT, Alain. *Crítica del Derecho del Trabajo.* p. 78-84.

Assim, em face de todas essas peculiaridades, o direito do trabalho vem como expressão de uma das faces do Estado Social e, com ele, o princípio protetivo do trabalhador como consequente lógico da proteção da dignidade da pessoa humana.

Este princípio, por sua vez, sem dúvida acoberta os demais princípios do direito do trabalho e inspira, de forma ampla, todo o complexo de regras, princípios e institutos que compõem o direito do trabalho (individual e coletivo).

Ele envolve, por exemplo, o subprincípio do *in dubio pro operario*, que seria aquele que impõe ao jurista, diante de diversas possibilidades, interpretar a norma trabalhista de forma mais favorável ao trabalhador. É, em suma, uma regra de hermenêutica jurídica.

O princípio da proteção, outrossim, açambarca o subprincípio da norma mais favorável. Segundo este princípio, o operador do Direito do Trabalho deve optar pela regra mais favorável ao obreiro quando diante do conflito de normas, especialmente as normas convencionais[144].

Do mesmo modo, o princípio do favor (ou da proteção) envolve o subprincípio da condição mais benéfica, que seria aquele que impõe a manutenção da situação mais favorável ao empregado diante da modificação imposta posteriormente. Procura-se conservar as vantagens obtidas, ainda que não contempladas na norma substituinte.

O princípio da condição mais benéfica implica, assim, na garantia de preservação, ao longo do contrato, da cláusula contratual mais vantajosa ao trabalhador que passa a ser direito adquirido do mesmo. De outro modo, havendo conflito entre cláusulas contratuais, há de prevalecer a mais favorável ao empregado.

Entendido de forma mais ampla, pode-se, ainda, incluir dentre os subprincípios decorrentes do princípio da proteção o da inalterabilidade contratual lesiva.

É que, como reflexo do princípio da proteção e da crença de que, por meio dele, a condição social do empregado será valorizada, implementando-se, deste modo, o Estado Social de Direito, o direito do trabalho incentiva as alterações contratuais favoráveis a este último; por outro lado, no ramo trabalhista, não há

---

[144] Aqui devemos ressaltar que esse princípio não prevalece sobre o da hierarquia quando a norma superior é *jus cogen*, isto é, não pode ser modificada por nenhuma outra. Essa regra se aplica quando se está diante de uma norma superior que estabelece um mínimo, cedendo espaço para outra mais benéfica. Obviamente, ainda, que a norma inferior somente pode ser aplicada, quando mais favorável, se ela for válida. A lei inconstitucional, por exemplo, ainda que mais favorável, não pode ser aplicada. Da mesma forma, a norma produzida por quem não tem competência (o Presidente da República abusando do poder regulamentador, por exemplo) não tem eficácia diante da outra válida e menos favorável.

utilização da atenuação civilística da cláusula *rebus sic stantibus*, em favor do empregador, eis que é deste o ônus do empreendimento, independentemente do insucesso que sobre ele se possa abater.

Como exceção a este princípio, no entanto, pode-se mencionar o *jus variandi* ordinário empresarial que engloba mudanças de menor importância, não chegando a atingir efetivas cláusulas do pacto entre as partes, as previsões expressas da lei (art. 468 da CLT) e a negociação coletiva, quando permitido.

2.3. PRINCÍPIO DA IRRENUNCIABILIDADE (OU DA INDISPONIBILIDADE DOS DIREITOS TRABALHISTAS)

Este princípio informa a inexistência do poder do empregado de despojar-se, por sua simples manifestação de vontade, das vantagens e proteções que lhe asseguram a ordem jurídica e o contrato.

Na lições de *Mauricio Godinho Delgado*, *"a indisponibilidade inata aos direitos trabalhistas constitui-se talvez no veículo principal utilizado pelo Direito do Trabalho para tentar igualizar, no plano jurídico, a assincronia clássica existente entre os sujeitos da relação socioeconômica de emprego. O aparente contingenciamento da liberdade obreira que resultaria da observância desse princípio desponta, na verdade, como o instrumento hábil a assegurar efetiva liberdade no contexto da relação empregatícia: é que aquele contingenciamento atenua ao sujeito individual obreiro a inevitável restrição de vontade que naturalmente tem perante o sujeito coletivo empresarial"*[145].

A irrenunciabilidade, como é óbvio, é inerente às regras protetivas do direito do trabalho, pois de nada adiantaria conceder ao empregado vantagens desta natureza se ele pudesse se desfazer das mesmas por simples ato de vontade renunciante.

Assenta, assim, fundamentos na própria natureza dos direitos trabalhistas, enquanto direito constitucional fundamental de natureza social (art. 6º da CF/1988).

Já se disse anteriormente que há um princípio maior que está no epicentro de todo o ordenamento jurídico: é o princípio da dignidade da pessoa humana. E os direitos fundamentais encartados na Constituição, são direitos cuja realização concretizam a dignidade na pessoa humana. O homem só é homem quando tem a sua dignidade atingida e respeitada. Sem tal realização, o homem não passa de uma espécie do gênero animal. Admitir, então, que o homem se despoje de sua dignidade, é admitir que ele integre a sociedade sem a verdadeira condição humana.

---

[145] *Op. cit.*, p. 197.

Com a concepção de uma sociedade não mais individualista e, sim, justa e solidária, o despojamento da dignidade de alguém significa não um dano apenas àquele alguém e sim, um dano à própria sociedade. É de interesse da sociedade que todos os seus entes integrantes, dela façam parte com a sua condição humano-social preservada.

Assim, os direitos dos trabalhadores, como espécies dos direitos sociais, são necessários a que o homem trabalhador tenha a sua dignidade atingida e é interesse de toda a sociedade que isto seja respeitado. Daí, exsurge a impossibilidade de renúncia.

Quem de sã consciência, hoje, admitiria que o homem se despojasse de sua própria liberdade, escravizando-se por vontade livre e consciente? Quem poderia aceitar que o homem se despojasse de sua integridade física, deixando-se flagelar com castigos corporais?

Certamente, não há quem possa admitir a escravidão e a flagelação física sem se sentir afrontado no mais íntimo de sua consciência. Ora, liberdade e integridade física são direitos tão fundamentais quanto os direitos sociais e a sociedade que deles se despe está praticando a autodestruição.

A resposta negativa quanto à possibilidade de renúncia a tais direitos é tão imediata pelo fato de serem tais direitos parte daqueles de primeira dimensão, implantados com o fim do Estado absolutista e afirmação dos valores individuais do homem trazidos com a Revolução Francesa. São direitos, por isto mesmo, e pelo tempo de que datam, arraigados na nossa cultura, ideologia e consciência.

Se pararmos para uma reflexão, veremos que os direitos sociais devem gozar da mesma respeitabilidade daqueles e, por isso, como aqueles, não devem admitir renúncia.

Por todos estes motivos e, ainda, pelas características que são próprias ao direito do trabalho, entendemos que o princípio da irrenunciabilidade é basilar na análise das relações trabalhistas.

Outrossim, há muito esse princípio está agasalhado na legislação ordinária, em especial no art. 9º da CLT, quando preceitua que *"serão nulos de pleno direito os atos praticados com o objetivo de desvirtuar, impedir ou fraudar a aplicação dos preceitos contidos na presente Consolidação"* (entenda-se: preceitos do direito do trabalho).

Ora, quando o trabalhador renuncia seus direitos, beneficiando, ainda que de forma indireta, o empregador, ele, no mínimo, está praticando ato tendente a desvirtuar ou impedir a aplicação dos preceitos trabalhistas. E a lei impede esse efeito, ainda que o ato seja de iniciativa do beneficiário da norma trabalhista.

Da mesma forma, esse princípio é extraído do art. 468 da CLT, quando este estabelece que *"nos contratos individuais de trabalho só é lícita a alteração das respectivas condições por mútuo consentimento, e, ainda assim, desde que não resultem, direta ou indiretamente, prejuízos ao empregado, sob pena de nulidade da cláusula infringente desta garantia"*.

Este dispositivo coroa o princípio da irrenunciabilidade ao não permitir qualquer alteração das condições de trabalho que implique em prejuízo para o trabalhador, ou seja, que implique na renúncia de uma condição mais favorável na relação contratual, para outra menos confortável.

2.4. PRINCÍPIO DA PRIMAZIA DA REALIDADE

O princípio da primazia da realidade é aquele pelo qual se impõe a incidência das normas sobre os fatos tal como eles se apresentam na realidade, no mundo fático, e não de acordo com o que as pessoas afirmam ser. Prevalece sempre a situação de fato sobre a ficção.

Em suma, havendo discordância entre o que ocorre no mundo dos fatos e o que emerge dos documentos, dos acordos, da ficção jurídica, deve prevalecer aquilo que se apresenta como real, evitando-se, assim, por meio de subterfúgios, dos atos maliciosos etc. a fraude ao direito do trabalho.

Tal princípio, por sua vez, tem importância capital no direito do trabalho, pois se sabe que o trabalhador, para manutenção do seu *status* contratual, via de regra, submete-se aos interesses do empregador, muitas vezes pactuando negócios jurídicos sob denominações diversas ou mesmo com indicações de naturezas jurídicas distintas da relação de emprego, quando na realidade está tratando de matérias relacionadas ao contrato de trabalho.

É a partir desse princípio, por exemplo, que se impõe a regra do reconhecimento da relação de emprego diante da prestação de serviço subordinado, ainda que os contratantes afirmem que a relação jurídica tem outra natureza (de empreitada, de sociedade etc.) O mesmo se diga em relação à figura do empregador único quando diante de grupo econômico. Neste caso, a ficção jurídica, que reconhece a existência de diversas empresas, dotadas de personalidades jurídicas distintas, não prevalece sobre a realidade quando aquelas agem como se fosse uma única pessoa.

O mesmo se pode afirmar em relação ao pacto celebrado no curso da relação de emprego para desconto salarial em troca (em pagamento) da cobertura dada pelo seguro de vida para caso de acidente do trabalho, por exemplo. Quando o segurador é empresa do mesmo grupo econômico, *v. g.*, pode-se, em determinadas situações, concluir que, em realidade, o empregado apenas concedeu mera autorização para um desconto salarial em favor do empregador, sem qualquer contraprestação razoável, tendo em vista a responsabilidade deste pelos danos gerados em decorrência do acidente do trabalho.

Outrossim, alguns atos que se apresentam formalmente como transação ou negócios jurídicos bilaterais, com aparente respeito ao princípio da comutatividade (com equilíbrio das prestações), celebrados entre empregado e empregador, muitas vezes não passam de atos de renúncia do trabalhador, principalmente quando estamos diante de uma situação na qual, na realidade, este último não obtém qualquer vantagem, razoavelmente apreciada. Em tais situações, portanto, o princípio da realidade deve atuar, de modo a buscar a verdadeira intenção das partes.

O princípio da realidade, portanto, é de suma importância na análise dos pactos trabalhistas, especialmente quando se trata de apreciar a tentativa de desvirtuamento da lei trabalhista (art. 9º da CLT).

2.5. PRINCÍPIO DO NÃO-RETROCESSO SOCIAL

Pouco difundido no Brasil, em especial na seara trabalhista, tem sido o princípio do não-retrocesso social.

Sobre ele tratamos anteriormente, daí por que dispensável nova referência.

O que importa destacar, neste estágio, é que o princípio do não-retrocesso social também se insere nas relações de trabalho, inclusive coletivas, por decorrer de mandamento constitucional incerto justamente no dispositivo que trata dos direitos sociais do trabalhador, o já mencionado art. 7º da Constituição Federal.

Capítulo 3

RENÚNCIA E REMISSÃO DA DÍVIDA
NO DIREITO DO TRABALHO

3.1. RENÚNCIA E REMISSÃO. DEFINIÇÕES

Como visto anteriormente, o princípio da indisponibilidade dos direitos trabalhistas está voltado à restrição ao exercício de vontade do titular do direito trabalhista. É preciso, então, estudarmos dois institutos: a renúncia e a transação.

A renúncia, segundo entendimento corrente, é ato unilateral da parte, por meio do qual ela se despoja de um direito de que é titular, sem correspondente concessão pela parte beneficiada pela renúncia[146]. Ela não se confunde com o perdão (ou remissão da dívida), que é o ato pelo qual o credor desobriga o devedor (art. 385 do Código Civil), conquanto este seja *"uma espécie particular de renúncia a um direito aplicada ao direito de crédito"*[147].

No perdão ou remissão da dívida, o credor dispõe de um valor patrimonial atual. *"O remitente desfaz-se de um bem."*[148] Dispõe do crédito. Daí por que, não se exige somente a capacidade de agir, mas, também, a possibilidade de disposição[149].

Em verdade, no perdão ou remissão da dívida, o credor pratica ato de doação, pois, enquanto ato de liberalidade, *"desfalca seu patrimônio de um valor ativo para aumentar o do devedor pela eliminação do valor negativo que pesava sobre seu passivo"*[150].

Equivale, outrossim, a uma verdadeira quitação[151]. Assim, quando o trabalhador celebra acordo judicial dando "quitação" de parcelas incontroversas líquidas e devidas (não envolvidas pela *res dubia*), sem qualquer contrapartida, está, em verdade, remindo a dívida do empregador. Perdoando a dívida. Fazendo uma doação, já que desfalca seu patrimônio ativo para aumentar o do devedor

---

[146] Conferir, a propósito, DELGADO, Mauricio Godinho. *Op. cit.*, p. 211.
[147] GOMES, Orlando. *Obrigações*. p. 147.
[148] *Ibidem,* mesma página.
[149] *Ibidem,* p. 147-148.
[150] *Ibidem,* p. 148.
[151] GONÇALVES, Luiz da Cunha. *Princípios de Direito Civil*. p. 673.

pela eliminação do seu débito. O mesmo ocorre, aliás, em relação à norma coletiva que dá quitação de débitos incontroversos. Mais do que renunciar ou perdoar, neste caso, o trabalhador estaria fazendo uma doação ao empregador.

A distinção entre perdão do crédito e renúncia de direito fica clara quando é lembrada a possibilidade do credor remir a dívida somente em relação a um devedor solidário (art. 388 do CC), referente à sua cota-parte no débito. Neste caso, o credor perdoa parte da dívida, sem renunciar ao direito, que poderá ser executado em relação aos demais devedores, deduzido da parcela remida.

E mais. No perdão, supõe-se o proveito em favor do devedor. Só pode se dar no direito das obrigações. Daí por que ele se reveste de natureza contratual, pois *"não se poderia cogitar que o credor, mesmo movido por liberalidade, atingisse a esfera jurídica do devedor, parceiro ou partícipe da relação obrigacional sem o seu consentimento, tácito ou expresso"*[152]. Em suma, ninguém é obrigado a aceitar o perdão da dívida. Assim, mesmo diante do perdão da dívida, o credor pode rejeitá-lo, satisfazendo sua obrigação. *"Qualifica-se, assim, a remissão da dívida, como o contrato entre credor e devedor destinado a extinguir determinada relação obrigacional entre eles existente"*[153].

A renúncia, por sua vez, dá-se em qualquer espécie de relação jurídica. Esta pode se referir *"a um direito adquirido, garantia, faculdade ou qualquer vantagem patrimonial ou moral do renunciante"*[154]. E ela não implica necessariamente em vantagem para outrem. A renúncia ao direito de proteção à vida íntima por parte do trabalhador, por exemplo, não resulta, necessariamente, em qualquer proveito em favor do empregador. Nada é acrescido ao patrimônio do empregador. Diferentemente do perdão da dívida, que resulta, neces-sariamente, em proveito patrimonial a favor do devedor, pois este fica desobrigado de pagar o que deve (desonerado de desfalcar seu patrimônio).

Daí se tem que, no perdão, apenas se "renuncia" o que já se tem incorporado ao patrimônio. A renúncia propriamente dita, no entanto, envolve qualquer direito, sendo nula, entretanto, a renúncia antecipada nos contratos de adesão (art. 424 do CC).

Num ou noutro caso, no entanto, exige-se, não só capacidade de agir, como o *poder de disposição*. E quando o art. 9º da CLT, enquanto norma de superdireito, estabeleceu que *"serão nulos de pleno direito os atos praticados com o objetivo de desvirtuar, impedir ou fraudar a aplicação dos preceitos contidos na presente Consolidação"* ele retirou dos trabalhadores o *poder de*

---

[152] MARTINS-COSTA, Judith. *Comentários ao Novo Código Civil*, p. 652.
[153] *Ibidem,* p. 652-653.
[154] GONÇALVES, Luiz da Cunha. *Princípios de Direito Civil*, p. 672.

dispor dos seus direitos e créditos, por meio da renúncia e do perdão da dívida, ou de qualquer outro ato, pois eles (renúncia e perdão da dívida) constituem atos que buscam *impedir* a aplicação da lei trabalhista.

Assim, no nosso direito do trabalho, a extensão da indisponibilidade, a par de decorrentes dos princípios expostos, está delineada em, pelo menos, três dispositivos da CLT (art. 9º, 444 e 468), os quais realizam, no plano da relação de emprego, tanto o princípio da indisponibilidade dos direitos trabalhistas, quanto o da imperatividade das normas do trabalho.

3.2. INTANGIBILIDADE DOS DIREITOS TRABALHISTAS PELA VIA INDIVIDUAL

O art. 468 da CLT permite a modificação individual das condições de trabalho por mútuo consentimento e desde que não resulte em prejuízo para o trabalhador, direta ou indiretamente.

A partir desse dispositivo legal, isoladamente, poder-se-ia, então, concluir que o direito mínimo assegurado em lei poderia ser modificado ou até suprimido, desde que da alteração não resultasse prejuízo para o empregado. Poderia, assim, o empregado alterar o contrato de modo a apenas ter direito ao gozo de quinze dias de férias, percebendo, porém, em triplo o salário correspondente. Teríamos, neste exemplo, uma modificação, matemática e remuneratória, para melhor, pois trinta dias de férias, acrescido de um terço, vale menos, em espécie, que quinze dias em triplo.

É certo, contudo, que a análise da modificação, quanto à sua mais favorabilidade, não se resume à apuração do que é melhor financeiramente para o empregado. Todos outros fatores que afetam a vida do trabalhador, no entanto, devem ser considerados, a exemplo da proteção à saúde, a direito de lazer etc.

O que importa, entretanto, destacar, em relação à modificação das condições de trabalho pela via individual, é que o art. 468 da CLT não pode e não deve ser interpretado isoladamente. Ele está, assim, diretamente vinculado ao art. 444 da CLT que estabelece a possibilidade de livre pactuação das condições de trabalho desde que *"não contravenha às disposições de proteção ao trabalho, aos contratos coletivos que lhes sejam aplicáveis e às decisões das autoridades competentes"*.

Daí se tem que o campo de atuação da vontade individual não pode atingir o patamar mínimo de direitos, isoladamente considerados, assegurados aos trabalhadores. Assim, mesmo que o esquema alternativo ou compensatório ofertado pelo empregador possa ser considerado mais favorável ao empregado (quinze dias de férias com remuneração em triplo ao invés de trinta dias com acréscimo remuneratório de um terço), nula será a estipulação contratual ou sua alteração quando contrariar a disposição de proteção ao trabalho.

Assim, do ponto de vista do direito individual do trabalho, a modificação dos direitos trabalhistas deve ser analisado de forma isolada, considerando cada aspecto da vantagem assegurada por disposição de proteção ao trabalho. Não se deve analisar, portanto, a alteração a partir da aplicação da teoria do conglobamento ou da teoria mista de aplicação das normas mais favoráveis. A comparação, entre as condições asseguradas em lei e as pactuadas individualmente, sequer poderia ser feita por instituto (férias, 13º, aviso prévio).

Tem-se, assim, que o legislador suprimiu do trabalhador o poder de dispor, individualmente, sobre os direitos trabalhistas assegurados na lei (em sentido amplo) e nas normas coletivas.

Empregado e empregador, portanto, somente podem negociar no vazio da lei e dos instrumentos coletivos, admitindo-se a aplicação da cláusula contratual mais favorável, desde que esta não imponha qualquer restrição ao mínimo assegurado por aquelas normas.

Os direitos trabalhistas, portanto, previstos em lei ou em norma coletiva, são intangíveis pela via individual.

Em face de tais dispositivos e dos princípios antes mencionados, o trabalhador está impedido, por ato de renúncia, de dispor de seus direitos laborais, a não ser nas condições ali expostas, sendo nulo qualquer ato dirigido a esse despojamento, ainda que firmado por intermédio das entidades sindicais.

Frise-se, ainda, que a renúncia pressupõe direito certo (induvidoso) e existente ou somente certo quanto ao direito futuro, até porque ninguém *"pode renunciar a uma coisa cuja propriedade não lhe seja reconhecida"*[155].

Outrossim, ressalte-se que a legislação prevê algumas hipóteses de renúncia de direito por parte do empregado, a exemplo da do trabalhador que goza da estabilidade celetista decenal e que faz a opção retroativa do FGTS e a relativa à garantia de emprego pelo dirigente sindical que solicitar a transferência para local fora da base territorial. São as hipóteses de disponibilidade relativa do direito, expressamente admitida pela legislação trabalhista.

3.3. TRANSAÇÃO NO DIREITO DO TRABALHO

Outro instituto de capital importância para nosso estudo é o da transação.

Por transação, tem-se o ato bilateral (ou plurilateral) pelo qual se acertam direitos e obrigações entre as partes acordantes, mediante concessões recíprocas (despojamento recíproco), envolvendo questões fáticas ou jurídicas duvidosas

---

[155] LACERDA, Dorval. *A Renúncia no Direito do Trabalho*. p. 180.

(*res dubia*)[156]. Nesta hipótese, diante da litigiosidade e controvérsia, não sendo certa a existência do próprio direito ou do crédito, eventual "renúncia" perde este caráter ou o de perdão[157].

É um contrato (art. 840 do CC). Requer para sua configuração, a incerteza da relação jurídica e a eliminação dessa incerteza, mediante concessões recíprocas. *"Necessário que haja concessões mútuas, de qualquer teor. Concessões feitas somente por um dos interessados implicam renúncia ou reconhecimento do direito do outro. Tudo conceder sem nada receber não é transigir"*[158]. Quando o devedor, demandado em Juízo, aceita pagar o total do cobrado, ele, em verdade, está reconhecendo o direito do credor. Nenhuma transação é firmada, neste caso.

Da mesma forma que na renúncia, além da faculdade de agir, é preciso que o transator tenha *poder de disposição*. E só se admite a transação quanto a direito patrimonial de caráter privado (art. 841 do CC), sendo que, por meio dela, não se transmitem, mas *"apenas se declaram ou reconhecem direitos"* (art. 843, i, do CC).

Sendo controvertido o direito (*res dubia*) que se declara ou se reconhece, parece-nos, então, certo afirmar que não se pode ter que o transator esteja dispondo sobre o que não pode renunciar ao fazer concessão. Exemplo: quando o empregado pede o pagamento de horas extras no equivalente a R$ 100,00 e o empregador contesta por inteiro essa dívida, ao se firmar transação para reconhecer como devido o valor R$ 80,00, esse ato não implica em renúncia, por parte do trabalhador, do restante da parcela cobrada, pois não se tinha a certeza de que era devido o direito pleiteado naquela extensão.

Assim, as partes, neste exemplo, estariam a declarar e reconhecer o direito devido em toda sua extensão, considerando sua anterior litigiosidade.

Situação diversa ocorre, no entanto, quando o devedor reconhece o valor total da dívida cobrada (ou tal constatação emerge facilmente dos elementos de que se dispõe) e firma transação para pagar somente uma parte da mesma, conferindo o empregado a quitação integral. Aqui, então, o trabalhador está, em relação à parte não adimplida, remindo parcialmente a dívida do empregador. Isso porque, em relação ao direito cobrado, não havia qualquer *res dubia*. Havia certeza.

Impossível, pois, falar em transação nesse caso. Está-se falando de verdadeira renúncia a qual, entretanto, não é possível por parte do trabalhador, como antes delineado.

Neste ponto, interessa-nos, ainda, apreciar a conciliação no processo do trabalho.

---

[156] DELGADO, Mauricio Godinho. *Op. cit.*, 211.
[157] GOMES, Orlando. *Obrigações*. p. 148.
[158] GOMES, Orlando. *Contratos*. p. 499.

3.4. CONCILIAÇÃO NO PROCESSO DO TRABALHO

Por fim, pertinente se mostra o estudo da conciliação no direito do trabalho.

Define-se a conciliação como o ato de transação celebrado com intermediação de uma terceira pessoa imparcial. Não passa, portanto, de uma transação, já que o terceiro (o juiz) apenas media a conciliação. Logo, a ela se aplicam todas as regras pertinentes.

Ela dispensa homologação judicial no processo do trabalho (art. 846, § 1º, da CLT), ao contrário do que ocorre no processo civil (§ 1º do art. 277 e § 1º do art. 331 do CPC). Incumbe ao juiz, no entanto, diante da transação, extinguir o feito, com julgamento do mérito (art. 269, inciso III, do CPC). E essa decisão é irrecorrível no processo trabalhista (§ 1º do art. 831 da CLT), salvo para a União (INSS).

Óbvio, no entanto, que, antes de adotar essa decisão extintiva (que será irrecorrível), deverá o juiz certificar se todos os requisitos para validade da transação foram respeitados, inclusive quanto ao direito transacionado. Isso porque, diante de qualquer ato que vise a impedir, desvirtuar ou fraudar direito trabalhista (art. 9º da CLT), caberá ao juiz negar-lhe validade, declarando sua nulidade de pleno direito (arts. 166 e 168 do CC), não se constituindo direito líquido e certo das partes a "homologação judicial" (OJ n. 120 da SDI-II do TST).

Daí se tem, então, que nem judicialmente se pode transacionar direito certo e induvidoso. A conciliação, portanto, apenas envolve a *res dubia*.

Outrossim, transitado em julgado o feito, inexistindo a *res dubia*, já que tornado certo o direito em face da coisa julgada, não se admite a transação, pois, neste caso, estar-se-á diante de verdadeira renúncia do direito. Admite-se, porém, a conciliação enquanto duvidosa a liquidez do direito[159].

Em relação ao processo de conhecimento, quando ocorre à transação envolvendo direitos indisponíveis, a decisão respectiva está sujeita à rescisão por literal violação a dispositivo da lei material (art. 9º da CLT) ou da lei processual (art. 331 do CPC). A conciliação somente pode versar sobre direito disponível e por quem tem o poder de dispor, além da capacidade para agir.

Já na execução, após o trânsito em julgado, em relação aos direitos não mais controvertidos (inexistência da *res dubia*), pode-se, diante da conciliação, considerar que o devedor satisfez parcialmente sua obrigação, desistindo o credor da ação executiva em relação à parte não adimplida.

Aqui, na execução, estando líquida a dívida, certificada pela coisa julgada, não se pode mais falar em transação, que pressupõe a *res dubia*. Logo, a

---
[159] GIGLIO, Wagner. *A Conciliação nos Dissídios Individuais do Trabalho*. p. 81.

conciliação após a formação da coisa julgada não passa de mero cumprimento das obrigações, ainda que parcialmente, certificadas no título executivo. E, se for o caso de cumprimento parcial, deve-se entender que, em relação à parcela inadimplida, à conciliação resulta na desistência da ação de execução sobre essa parte. Daí decorre, então, que o credor, eventualmente, poderá executar essa parcela não adimplida, salvo se se entender que a "conciliação" homologada na ação de execução gere a coisa julgada.

PARTE IV

TERCEIRA QUESTÃO: A AUTONOMIA PRIVADA COLETIVA E OS DIREITOS TRABALHISTAS

Capítulo 1

AUTONOMIA PRIVADA COLETIVA

1.1. DEFINIÇÃO E LIMITES

Ao lado da limitação da autonomia privada, mediante a socialização do direito, a partir de longa e complexa evolução histórica, começou a tomar corpo a autonomia coletiva privada. Fruto da realidade do meio laboral, esta adquiriu sua feição atual por meio de uma natural evolução[160]. Não teve origem única, nem uniforme, pois sempre condicionada à realidade e à evolução sócio-político-econômica de cada país[161].

A autonomia coletiva privada, no meio sindical, deriva do conteúdo da própria autonomia sindical, entendida esta, não só como a de autoorganização, a autonomia administrativa e a de autotutela, mas, também, a negocial[162]. Como entendido pelo Tribunal Federal do Trabalho da Alemanha, *"se não se quer negar a liberdade sindical, ..., o significado que a mesma possui historicamente, o núcleo deste direito fundamental garantido pela Constituição, deve descansar na garantia estatal de um sistema de negociação coletiva"*[163].

No Brasil, essa autonomia coletiva, por sua vez, está garantida, não só por meio de normas constitucionais, mas, também mediante Convenções da OIT já ratificadas. Assim, nosso ordenamento jurídico reconhece as convenções e acordos coletivos (inciso XXVI do art. 7º da CF), com participação obrigatória do sindicato nas negociações coletivas de trabalho (inciso VI do art. 8º da CF), com objetivo de *"regular, por meio de convenções, os termos e condições de emprego"* (art. 4º da Convenção n. 98 da OIT, ratificada em 18.11.1952), isto é, tendo como escopo *"fixar as condições de trabalho e emprego ou regular as relações entre empregadores e trabalhadores ou regular as relações entre os empregadores ou suas organizações e uma ou várias organizações de trabalhadores, ou alcançar todos estes objetivos de uma só vez"* (art. 2º da Convenção n. 154 da OIT, ratificada em 10.7.2002).

---

[160] GIUGNI, Gino. *Direito Sindical*. p. 97-98.
[161] RUPRECHT, Alfredo J. *A Negociação Coletiva*. p. 140.
[162] MAZZONI, Giuliano. *Relações Coletivas de Trabalho*. p. 69.
[163] ZACHERT, Ulrich. *Lecciones de Derecho del Trabajo Alemán*. p. 59.

A autonomia coletiva privada é entendida, por sua vez, como o poder reconhecido a grupos intermediários (entre o Estado e a pessoa) de estabelecer regras de seus interesses coletivos[164]. Assim, como o Estado reconhece a pessoa individual esse poder de agir autonomamente, na defesa de seus interesses privados, ele confere aos grupos intermediários a mesma faculdade jurídica, em relação aos interesses coletivos[165].

No Brasil, no entanto, esse poder conferido ao sindicato (entenda-se: entidades sindicais) assume funções de soberania em face dos membros da categoria. Isso decorre do fato de o sindicato poder estabelecer regras que obrigam todos os membros da categoria, ainda, que eles não estejam filiados à entidade sindical (art. 611 da CLT c/c. art. 8º, inciso III, da CF/1988).

Exerce, assim, o sindicato, um *"poder público normativo"*[166]. Funda-se no princípio do pluralismo democrático[167], com assento na Constituição Federal (inciso V do art. 1º). A norma coletiva, assim, como qualquer outra norma jurídica estatal, tem caráter prescritivo, bem como é dotada de generalidade, abstração, coatividade, eficácia imediata e imperatividade. Óbvio, porém, que o poder soberano das entidades sindicais não se sobrepõe à soberania estatal, até porque desta é derivada[168].

Sendo derivada do próprio poder estatal, é ainda óbvio que a autonomia coletiva privada não se exerce de forma absolutamente soberana. Tem seus limites. A norma coletiva autônoma, portanto, há de encontrar na legislação superior seu pressuposto de validade. Enquadra-se, assim como qualquer outra norma estatal, no esquema de validez[169].

É induvidoso, outrossim, que as normas coletivas encontram-se em patamar inferior à lei[170], atuando no vazio ou no espaço deixado por esta[171]. Daí se tem, então, de logo, duas conclusões: as normas coletivas devem se ater às normas constitucionais e aos tratados internacionais (§ 2º do art. 5º da CF/1988). Não podem, assim, as normas coletivas, em nenhuma hipótese, salvo as exceções previstas na própria Carta Magna, derrogar ou restringir direito constitucional. Não por outro motivo, decidiu o STF que *"aos acordos e convenções coletivos de trabalho, assim como às sentenças normativas, não é lícito estabelecer limitações a direito constitucional dos trabalhadores, que nem à lei se permite"* (RE n. 234.186/SP, 1ª T., Rel. Min. Sepúlveda Pertence, DJU de 31.08.01). No mesmo sentido, tem-se a OJ n. 30 da SDC do TST.

---

[164] RÜDIGER, Dorothee Susanne. *O Contrato Coletivo no Direito Privado*. p. 98.
[165] MAZZONI, Giuliano. Ob. cit., p. 63.
[166] SANTORO-PASSARELLI, Francesco. *Noções de Direito do Trabalho*. p. 27.
[167] RÜDIGER, Dorothee Susanne. Ob. cit., p. 101, e PEREZ, José Luis Moreneo et alii. *La Teoria ...*, p. XVIII.
[168] MAZZONI, Giuliano. Ob. cit., p. 63.
[169] KELSEN, Hans. *Teoria Pura do Direito*. p. 221-224, BOBBIO, Norberto. *Teoria da Norma Jurídica*, p. 46-47.
[170] Neste sentido, SILVA, Antonio Álvares da. *Flexibilização das Relações de Trabalho*, p. 79-84, e FERREIRA FILHO, Manoel Gonçalves. Ob. cit., p. 189.
[171] VELLOSO, Caio Mário da Silva. *A Delegação Legislativa ...*, p. 414.

Conclusivo, outrossim, que, sendo inferior à lei, a norma coletiva — e com ela a autonomia coletiva privada — deve encontrar nesta também seu pressuposto de validade. Neste sentido, pode-se lembrar da OJ n. 31 da SDC do TST, que considera ilegal qualquer norma coletiva que reduz direito assegurado em lei.

Aqui, portanto, antes mesmo da aplicação da norma mais favorável, deve ser levado em consideração a hierarquia das normas, prevalecendo a lei sobre a disposição normativa[172].

É imperioso, no entanto, em relação a todas essas normas superiores, distinguir seus tipos quanto às suas modificabilidades, isto é, quanto aos espaços deixados às pessoas, no uso da autonomia privada, inclusive coletiva, de modo a poderem atuar de forma distinta ao já regrado.

Assim, urge distinguir as normas imperativas das facultativas. Entre aquelas, as preceptivas das proibitivas; e, entre estas, as dispositivas das supletivas.

As normas imperativas são aquelas que impõem um comportamento. Podem ser preceptivas quando estabelecem uma ação ou conduta positiva. Serão proibitivas se estabelecem abstenções ou omissões, vedando a realização de determinados atos.

As normas facultativas, por sua vez, podem ser dispositivas, quando concedem aos destinatários certas faculdades (ex.: possibilidade de acordar o desconto por dano culposo — § 1º do art. 462 da CLT), ou supletivas, quando se destinam a suprir a falta de manifestação de vontade dos particulares (ex.: na falta de estipulação do salário, este deve corresponder ao que é pago a empregado que fizer serviço equivalente ou o que for habitualmente pago para serviço semelhante — art. 460 da CLT).

Tal distinção se faz necessária, pois o conflito entre as normas de hierarquia distinta apenas ocorre quando a norma estatal é imperativa. Se ela tem natureza facultativa, tal não ocorre, pois a norma superior admite seu afastamento por intermédio da disciplina por vontade dos particulares[173].

A norma facultativa, assim, admite a regulamentação diferente, em sentido mais favorável ou *in pejus*[174] para o trabalhador em relação àquela. Isso porque ela, por sua natureza, concede poderes aos particulares para atuar livremente (as dispositivas) ou apenas incide na falta de manifestação da vontade individual ou coletiva (as supletivas).

Assim, por exemplo, a norma coletiva pode dispor que o empregador tem a faculdade de efetuar desconto salarial em caso de dano por culpa do

---

[172] GIL, Luis Enrique de la Villa e CUMBRE, Lourdes López. *Os Principios del Derecho del Trabajo*. p. 168.
[173] MOURA, José Barros. *A Convenção Coletiva entre as Fontes de Direito do Trabalho*. p. 148-149.
[174] *Ibidem*, p. 154.

empregado (norma mais desfavorável, considerando a faculdade prevista em lei), ou pode estabelecer a proibição do referido desconto (norma mais favorável). Pode, ainda, estabelecer como salário normativo valor inferior àquele pago na empresa para serviço equivalente ou ao que habitualmente é pago para serviço semelhante (norma mais desfavorável, considerando a supletividade do art. 460 da CLT) ou pode fixar salário maior (norma mais favorável em relação à norma supletiva).

É preciso, porém, destacar que, estabelecido por norma coletiva um patamar mínimo, este não pode retroagir, sob pena de ferir o princípio do não-retrocesso social, conforme já referido anteriormente.

Já em relação às normas imperativas, é preciso, ainda, distingui-las por seu conteúdo, pois nem sempre a norma molda conduta em todos os seus aspectos. Assim, entre elas (as preceptivas e as proibitivas), encontramos, ao menos, três espécies: as *imperativas absolutas*, que não admitem qualquer modificação; as *imperativas máximas*, que não admitem qualquer alteração mais favorável ao trabalhador; e as *imperativas mínimas*, que não admitem modificações para pior, mas permitem as alterações *in melius*[175], salvo exceções previstas expressamente em lei.

As normas *imperativas mínimas* são as mais comuns no direito do trabalho, pois, em regra, neste ramo da ciência jurídica, *"as normas de lei predispõem nível de tutela mínima para os trabalhadores, mediante normas unilateralmente inderrogáveis, e o contrato de trabalho, em paridade com o contrato individual de trabalho, em linhas gerais, pode conduzir à derrogações in melius, do tratamento dos trabalhadores, mas não pode ditar disposições desfavoráveis que desçam abaixo do princípio da tutela predisposta pela lei"*[176]. E, neste sentido, a norma imperativa mínima, salvo as exceções que permitem a modificação para pior, adequa-se perfeitamente ao princípio do progresso social[177]. Compatibiliza-se, assim, com o *caput* do art. 7º da Constituição Federal, em sua parte final, que estabelece a possibilidade de concessões de novos direitos aos trabalhadores, desde que visem à melhoria de sua condição social.

Já exemplo de norma imperativa absoluta no Brasil é a regra prevista no art. 19 dos Atos das Disposições Transitórias Constitucionais, que assegurou estabilidade no emprego aos servidores da União, dos Estados, do Distrito Federal e dos Municípios, da administração direta, autárquica e das fundações públicas, em exercício na data da promulgação da Constituição, há pelo menos cinco anos continuados e que não tenham sido admitidos mediante concurso público.

---

[175] *Ibidem*, p. 154.
[176] GIUGNI, Gino. Ob. cit., p. 152.
[177] MOURA, José Barros. Ob. cit., p. 172.

O STF já manifestou o entendimento com relação a este dispositivo no sentido de que ele esgota toda matéria ali tratada, de modo que as normas inferiores (constituições estaduais, leis orgânicas municipais etc.) não podem dispor de forma mais favorável, a exemplo de reduzir o tempo de serviço para a aquisição da estabilidade, considerar o tempo de serviço continuado ou não (ADIn n. 125) ou estender o benefício ali previsto para os empregados das empresas públicas e das sociedades de economia mista (ADIn n. 289).

Aqui, o legislador inferior não pode modificar a norma superior nem *in pejus,* nem *in melius.* A norma superior impera absolutamente, esgotando a matéria disciplinada.

Outrossim, têm-se as normas imperativas de caráter máximo, que seriam aquelas que impediriam a concessão de maiores favores em prol dos trabalhadores. Exemplos lembrados são das leis salariais que vedam a concessão de aumento além do fixado nela própria ou estabelecem o teto salarial (inciso XI do art. 37 da CF/1988). Nestes casos, a norma inferior não pode modificar o teor da lei superior para melhor, ainda que em benefício do trabalhador.

Em relação a estas duas últimas espécies de normas (imperativas absolutas e imperativas máximas), contudo uma ressalva deve ser feita. É que a Constituição Federal, em seu art. 7º, *caput,* como já dito reiteradamente, ao lado de estabelecer o princípio do não-retrocesso social em matéria de direito do trabalho, sinalizou claramente que aos trabalhadores devem ser assegurados outros direitos que visem a melhoria de sua condição social. Ou seja, agasalhou o princípio do avanço social, princípio este, aliás, inerente ao Estado Social.

Assim, podemos ter que nenhuma norma infraconstitucional pode estabelecer um teto, um máximo imodificável para melhor, em prol dos trabalhadores. O princípio do avanço social, portanto, torna inconstitucionais as normas infraconstitucionais imperativas máximas e as imperativas absolutas na medida em que impedem o incessante progresso das condições de trabalho e dos direitos dos trabalhadores[178]. Não pode, desse modo, o Estado criar "barreiras intransponíveis" ao avanço social[179].

---

[178] O art. 623 da CLT, por exemplo, ao declarar nula a disposição da norma coletiva que contrarie lei de política salarial ou regra da política econômico-financeira do Governo somente pode ser tida como constitucional se a interpretarmos como não geradora de efeitos perante terceiros. Ou seja, admissível seria a disposição coletiva contraria à lei salarial ou da política econômico-financeira em favor do trabalhador, desde que ela não obrigasse a revisão de preços e tarifas. O custo da concessão do benefício haveria de ser absorvido pelo empregador. Do mesmo modo, para não considerar inconstitucional, pode-se interpretar o art. 13 da Lei n. 10.192/2001, que veda a estipulação ou fixação de cláusula de reajuste ou correção salarial automática vinculada a índice de preço, como impeditiva de garantia (para o empregador) da revisão do preço e da tarifa sempre que concedido o aumento salarial. Em face do princípio do avanço social, o reajuste pode até ser vinculado ao índice de preço, mas esse aumento salarial não asseguraria a revisão do preço ou da tarifa cobrada pela empresa na venda de mercadorias ou na prestação dos seus serviços.
[179] MOURA, José Barros. Ob. cit., p. 172.

Diga-se, ainda, que esse princípio também se aplica às normas coletivas, já que sujeitas à Constituição. Não podem elas, portanto, impedir o avanço social por meio de normas coletivas posteriores ou, ainda, mediante normas inferiores. Até porque, o fim maior, razão de existir, da norma coletiva, é estabelecer condições mais favoráveis ao empregado[180].

Esse entendimento, no entanto, não tem eficácia em face das normas constitucionais originárias de natureza imperativa máxima ou imperativa absoluta, pois elas não admitem a modificação nem para melhor[181]. Aliás, em verdade, o conflito que surge entre as normas infraconstitucionais mais favoráveis quando confrontadas com as normas constitucionais de natureza imperativa máxima ou imperativa absoluta se resolve no plano da validade, pois aquelas hão de ser consideradas inconstitucionais.

Óbvio, porém, que o princípio do avanço social contém limites. Isso porque não se pode admitir que, em seu progresso incessante, o direito do trabalho, no Estado capitalista, *v. g.*, ponha fim à propriedade privada dos meios de produção ou extinga o regime jurídico de exploração do trabalho subordinado[182]. Em suma, as normas coletivas não podem modificar os princípios do regime capitalista num Estado capitalista, encontrando nestes e em outras cláusulas pétreas os seus limites.

Diante de tudo o quanto exposto neste item, pode-se chegar à conclusão de que, mesmo diante da autonomia coletiva, não se admite a modificação *in pejus* para o trabalhador de qualquer norma, estatal ou não, em face do princípio do avanço social, salvo as exceções previstas nas normas constitucionais.

Imperioso, porém, abordar, em destacado, essas exceções à regra do avanço social, isto é, as hipóteses em que é permitida a flexibilização *in pejus* das normas protecionistas de modo a apurar suas características, limites e abrangências.

Antes, no entanto, é imperioso que se tragam à baila os princípios regentes da negociação coletiva, ao final de cuja exposição já se pode responder o terceiro questionamento objeto do presente trabalho.

---

[180] SILVA, Antônio Álvares da. *A Convenção Coletiva como Instituto Central do Direito Coletivo do Trabalho.* p. 171.
[181] *O princípio do avanço social, no entanto, impede a modificação da própria Constituição in pejus.*
[182] MOURA, José Barros. Ob. cit., p. 177.

Capítulo 2

PRINCÍPIOS REGENTES DO DIREITO COLETIVO DO TRABALHO

2.1. INTRODUÇÃO

Vistos os princípios que regem o direito do trabalho, não se poderia deixar de trazer à tona os princípios regentes das relações coletivas do trabalho, em especial aqueles que tratam das relações entre normas coletivas e normas estatais. Não trataremos aqui, em face das limitações do trabalho, dos princípios do direito sindical, mas, tão-somente, daqueles que cuidam das negociações coletivas.

Conforme *Mauricio Godinho Delgado*, um dos poucos, no Brasil, que tratam dessa matéria, os princípios de direito coletivo do trabalho seriam os da criatividade jurídica da negociação coletiva e o da adequação setorial negociada[183].

Deixamos de lado, outrossim, outros princípios mais gerais, não exclusivos do direito coletivo, como o da igualdade, da razoabilidade, da cooperação e do contraditório[184] ou, ainda, do dever de negociar, da boa-fé e da trégua (ou paz social)[185].

2.2. PRINCÍPIO DA CRIATIVIDADE JURÍDICA DA NEGOCIAÇÃO COLETIVA. O PODER NORMATIVO DAS ENTIDADES SINDICAIS

Este princípio advém do objetivo da negociação coletiva que é, justamente, a criação de norma jurídica em harmonia com a normatividade heterônoma estatal.

Desse modo, há de se ter em vista que a negociação coletiva trabalhista, levada a cabo com a participação do sindicato dos trabalhadores, tem o poder de produzir normas jurídicas e não, simples cláusulas contratuais.

---

[183] *Ibidem*, 1295-1299.
[184] PINTO, José Augusto Rodrigues. *Direito Sindical e Coletivo do Trabalho*. p. 172-173.
[185] BENITES FILHO, Flávio Antonello. *Direito Sindical Espanhol*. p. 120-121.

Tal distinção se faz necessária, pois, como ressaltado por *Mauricio Godinho Delgado*, o *"direito confere efeitos distintos às normas (componente das fontes jurídicas formais) e às cláusulas (componentes dos contratos). Basta indicar que as normas não aderem permanentemente à relação jurídica pactuada entre as partes (podendo, pois, ser revogadas — extirpando-se, a contar de então, do mundo jurídico). Em contraponto a isso, as cláusulas contratuais sujeitam-se a um efeito adesivo permanente nos contratos, não podendo, pois, ser suprimidas pela vontade que as instituiu"*[186].

Esse entendimento, por óbvio, agasalha a corrente que defende que a convenção coletiva (e o acordo coletivo) tem a mesma natureza da lei. Aqui, então, por ser de suma importância, cabe ressaltar a natureza jurídica das normas coletivas autônomas a partir de sua raiz constitucional, ao menos no direito brasileiro.

É sabido que a tarefa de legislar, de modo geral, nos Estados Modernos, é conferida ao Poder Legislativo. Esta seria a função típica do Poder Legislativo. No Estado Contemporâneo, entretanto, esta tarefa passou ser delegada a outros órgãos ou pessoas.

Assim é que ao Poder Executivo foi assegurado o poder de regulamentar a lei e de expedir medida provisória por força do nosso ordenamento constitucional. Já ao Poder Judiciário se assegurou essa mesma atribuição, seja quando aos tribunais ficou reservado o direito de dispor em seus regimentos internos *"sobre a competência e o funcionamento dos respectivos órgãos jurisdicionais e administrativos"* (art. 96, inciso I, alínea *a* da CF/1988), seja quando atribui à Justiça do Trabalho o poder de proferir *"sentenças normativas"*[187].

No Estado conteporâneo, entretanto, caracterizado pela democracia, o próprio Estado acaba por conferir também aos particulares o poder de legislar. Na Inglaterra, por exemplo, é reconhecido o direito das entidades profissionais (assim como ocorre no Brasil) impor regras a seus membros, bem como as empresas que fornecem água, energia, serviços de transportes etc.[188].

O poder legislativo conferido aos grupos intermediários, por sua vez, em especial os convênios coletivos do trabalho, funda-se no princípio da proteção social, *"enquadrando-se na finalidade programática do constitucionalismo social instituinte da forma de Estado Social ou Estado de Direito Social"*[189]. É uma categoria jurídica que decorre da manifestação genuína do Estado Social[190].

---

[186] *Direito Coletivo do Trabalho*, p. 58.
[187] O poder normativo da Justiça do Trabalho enquanto delegação legislativa conferida ao Poder Judiciário, cf. VELLOSO, Caio Mário da Silva. *A Delegação Legislativa — A Legislação por Associações*. p. 409.
[188] FERREIRA FILHO, Manoel Gonçalves. *Do Processo Legislativo*. p. 190.
[189] PÉREZ, José Luiz Monereo e AVIÉS, José Antonio Fernández. *La Teoría de la Autonomía Colectiva en el Pensamiento de Giugni: Balances y Perspectivas*. p. XXVII.
[190] *Ibidem*, p. XXVIII.

E no Brasil, tal como na Alemanha, encontramos esse poder legislativo conferido ao particular na própria Constituição, em relação às normas coletivas trabalhistas. E nos preocupamos em apontar o ordenamento jurídico alemão porque nele, ao contrário do que ocorre em outros países, o poder normativo conferido aos sindicatos, tanto como no Brasil, encontra respaldo na própria Constituição e não, na legislação ordinária, o que imporia outra apreciação dogmática. Situação essa, aliás, também comum à Espanha (art. 37 da Constituição Espanhola).

Assim é que, na Alemanha, *"a natureza da convenção coletiva e a sua consequente autonomia se fundamentam na teoria da delegação —* Delegationstheorie. *Partindo do art. 9º da Lei Fundamental e do art. 1º da Lei, afirmam seus defensores que as normas estabelecidas pela convenção são uma delegação do poder público às associações profissionais para que regulem seus próprios interesses, encampando o Estado tais leis, dando-lhes a validade de ordem geral. Conforme Hofbauer, 'as associações, por força de sua autonomia delegada pela Estado, estabelecem leis em sentido material. Assim, não seria a autonomia da convenção coletiva algo que crescesse de baixo para cima ou, expressando de outra forma, um redução da soberania estatal de baixo para cima mas de cima, do Estado, para baixo'* — in Der Rechtscharakter der Tarifverträge und der allgemeinverbindlicher Kläurung, Berlim, Duncker & Humblot, 1974, p. 36"[191].

Já no Brasil, o fundamento constitucional da natureza jurídica de lei das normas coletivas autônomas trabalhistas é encontrado no inciso XXVI do art. 7º da Constituição Federal quando esta dispõe que é direito do trabalhador o *"reconhecimento das convenções e acordos coletivos de trabalho".*

E é certo que quando o Constituinte dispôs reconhecendo as convenções e acordos coletivos de trabalho não quis, tão-somente, elevar tais instrumentos normativos à categoria de direito constitucional, fundamental e social. Não almejou, outrossim, apenas dar *status* constitucional a estes institutos jurídicos, como quem querendo apenas validá-los. Como doutrina *João de Lima Teixeira Filho,* o mencionado dispositivo não confere *"apenas validade aos instrumentos negociais nominados — visão apequenada desse direito social. A elocução constitucional transcende, em muito, à forma de exteriorização do pactuado. Contém, na verdade, o reconhecimento estatal do poder inerente às pessoas e, pois, aos grupos por elas organizados de autoconduzir-se, de co-decidir sobre o ordenamento de condições de trabalho, de protagonizar a autocomposição de seus interesses coletivos, solver suas desinteligências fora do Estado, pela via do entendimento direto, valendo o que restar pactuado como lei entre as partes e cada um dos membros representados, se inexistir malferimento a norma de ordem pública estatal"*[192].

---

[191] SILVA, Antônio Álvares da. *Convenção Coletiva do Trabalho perante o Direito Alemão.* p. 39.
[192] *Princípios da Negociação Coletiva.* p. 116.

Não é à-toa que *Manoel Gonçalves Ferreira Filho*, tendo em vista a Constituição Federal atual e a de 1967, que dispunha de regra constitucional similar (*"reconhecimento das convenções coletivas de trabalho"*, art. 165, inciso XIV), e *Caio Mário da Silva Velloso*, concluem que *"as convenções coletivas não são meros negócios jurídicos, porque podem"*[193] *"obrigar também patrões ou empregados que de modo algum estiveram representados na negociação, quais sejam, os que não aderiram aos sindicatos signatários do acordo"*[194]. E é essa extensão da convenção coletiva (aplicável àqueles que não sejam filiados aos sindicatos) que dá à mesma *"força de lei, na medida em que, no Estado de Direito, só a lei pode obrigar a fazer ou deixar de fazer alguma coisa"*[195].

E tal conclusão é por demais importante, haja vista que, enquanto direito elencado no art. 7º da Constituição Federal, ele se subordina à regra de seu *caput* e, com ela, ao princípio do não-retrocesso social, tal como já delineado anteriormente, salvo exceções previstas na própria Carta Magna.

Assim, temos que o primeiro e mais importante princípio inerente à negociação coletiva é o da criatividade normativa. Ou, em outras palavras, é o poder legislativo conferido aos sindicatos para dispor sobre condições de trabalho.

2.3. PRINCÍPIO DA ADEQUAÇÃO SETORIAL NEGOCIADA

O poder legislativo conferido aos sindicatos, conforme visto anteriormente, no entanto, não é absoluto, já que, além de dever estar em sintonia com o texto constitucional, ele não pode ferir norma estatal de ordem pública. As normas autônomas, assim, estariam, em certa medida, num patamar inferior às leis estatais, numa interpretação sistemática da própria Constituição, já que esta reservou à União o poder de legislar sobre direito do trabalho (art. 22, inciso I)[196].

Disso resulta que outro princípio deve ser destacado, tal como mencionado, por *Mauricio Godinho Delgado*, qual seja, da adequação setorial negociada. Este princípio trata das possibilidades e dos limites jurídicos da negociação coletiva, devendo responder à seguinte indagação: em que medida as normas coletivas podem se contrapor às normas individuais imperativas estatais existentes?

Segundo *Mauricio Godinho Delgado* *"pelo princípio da adequação setorial negociada as normas autônomas juscoletivas construídas para incidirem sobre certa comunidade econômico-profissional podem prevalecer sobre o padrão geral heterônomo justrabalhista desde que respeitados certos critérios objetivamente*

---

[193] VELLOSO, Caio Mário da Silva. Ob. cit., p. 414.
[194] FERREIRA FILHO, Manoel Gonçalves. Ob. cit., p. 189.
[195] *Idem*, mesma página.
[196] Neste sentido, SILVA, Antônio Álvares da. *Flexibilização das Relações de Trabalho*. p. 79-84, e FERREIRA FILHO, Manoel Gonçalves. Ob. cit., p. 189.

fixados. São dois esses critérios autorizativos: a) quando as normas autônomas juscoletivas implementam um padrão setorial de direitos superior ao padrão geral oriundo da legislação heterônoma aplicável; b) quando as normas autônomas juscoletivas transacionam setorialmente parcelas justrabalhistas de indisponibilidade apenas relativa (e não de indisponibilidade absoluta)"[197].

A indisponibilidade relativa de parcelas poderá decorrer de dois fatores distintos:

> a) da própria natureza da parcela — modalidade de pagamento salarial, tipo de jornada pactuada, fornecimento ou não de utilidades e suas repercussões no contrato;
>
> b) ou da existência expressa de permissão jurídica estatal a seu respeito (art. 7º, VI, XIII e XIV, CF/1988).

Estas hipóteses tratam de *"situações em que o próprio ordenamento jurídico considera que o respeito dessa margem de autonomia da vontade é compatível e necessário para tutelar melhor e mais sadiamente os valores que estão em jogo. Por esse motivo, tem-se advertido que o conceito de ordem pública não é de natureza automática, nem pode ser aplicado rigidamente em todos os casos como limite à liberdade de convir"*[198].

Estaríamos, outrossim, diante de norma de indisponibilidade absoluta quando esta *"não deixa margem alguma para a determinação de condições diferentes das estabelecidas pelas normas"*[199]. Seriam as normas que tratam da identidade do trabalhador, as normas se saúde, segurança, higiene do trabalho etc.

Desse modo, a negociação coletiva não há de prevalecer se:

> 1) importar em renúncia já que ao processo negocial coletivo falecem poderes de renúncia sobre direitos de terceiros. Pode haver, isto sim, transação, dentro das hipóteses permitidas para tanto;
>
> 2) concernirem a direitos revestidos de indisponibilidade absoluta, os quais não podem ser transacionados em nenhuma hipótese. As parcelas de indisponibilidade absoluta — previstas em normas imperativas e não dispositivas — têm por escopo tutelar um interesse público por se constituírem em *"patamar civilizatório mínimo que a sociedade democrática não concebe ver reduzido em qualquer segmento econômico-profissional, sob pena de se afrontarem a própria dignidade da pessoa humana e a valorização mínima deferível ao trabalho (arts. 1º, III e 170, caput, CF)"*[200].

---

[197] *Op. cit.*, p. 1297-1298.
[198] ARIGÓN, Mario Garmendia. *Ordem Pública e Direito do Trabalho*. p. 51.
[199] *Ibidem*, p. 49.
[200] GOMES, Ana Virgínia Moreira. Ob cit., p. 1299.

Três grupos de normas trabalhistas formam o arcabouço do patamar civilizatório mínimo que caracteriza as normas de direito do trabalho, as quais hão de ser encaradas em face dos princípios e normas mais fundamentais do nosso sistema constitucional. Este arcabouço é formado por:

1) normas constitucionais;

2) normas de tratados e convenções internacionais (art. 5º, § 2º CF/1988);

3) normas legais infraconstitucionais de caráter imperativo (preceitos relativos à saúde e segurança no trabalho, salário mínimo etc.).

Desse modo, tendo em vista todas as considerações aduzidas até aqui, a conclusão a que chegamos é que a negociação coletiva deve ser pautada no princípio da adequação setorial negociada, segundo a qual aquela não pode ir além dos direitos de disponibilidade relativa, que, como já dito, decorre ou da natureza da parcela ou da expressa permissão da norma estatal que os previu.

Em relação aos direitos elencados na Constituição, a negociação coletiva dos direitos trabalhistas só há de ocorrer em relação à redução salarial (art. 7º, XVI), à duração do trabalho (art. 7º, XIII) e aos turnos de revezamento ininterrupto (art. 7º, XIV) eis que, com relação a estas matérias, há previsão expressa de tal possibilidade.

No que se refere às normas de direito internacional e às normas presentes na legislação infraconstitucional, a negociação só existirá, repita-se, quando houver expressa autorização para tanto ou, em face da natureza da parcela, for ela de indisponibilidade relativa.

Qualquer negociação que vá além destes limites, afrontará os princípios trabalhistas e, principalmente, os de índole constitucional que têm em vista a implementação do Estado Social de Direito fundado do princípio vetor da dignidade da pessoa humana, para cuja realização, hão de ser respeitados os patamares civilizatórios mínimos referentes ao trabalhador, considerando, ainda, o princípio do não-retrocesso social.

Capítulo 3

RENÚNCIA E TRANSAÇÃO POR MEIO DA NEGOCIAÇÃO COLETIVA

3.1. DA RENÚNCIA E TRANSAÇÃO COLETIVA

Já foi dito anteriormente que ao firmar acordo ou convenção coletiva, as entidades sindicais agem no uso do poder legislativo conferido às associações privadas. E ao firmar estes instrumentos normativos, as entidades sindicais *"estipulam condições de trabalho aplicáveis, no âmbito das respectivas representações, às relações individuais de trabalho"* (art. 611 da CLT).

Elas dispõem para o futuro, estabelecendo novas condições de trabalho. Legislam para o futuro, até porque nem a lei pode retroagir para ferir o ato jurídico perfeito, a coisa julgada ou o direito adquirido. Óbvio, então, que no uso do poder legislativo que lhes é conferido, não podem os sindicatos estabelecer regras que resultem na renúncia de direitos que integram o patrimônio de outrem.

Aqui, então, deve ficar claro o âmbito do poder dos sindicatos na fixação das normas coletivas. Eles agem, verdadeiramente, como legisladores. Esse poder legislativo, porém, não confere às entidades sindicais o poder de interferir no patrimônio dos membros da categoria, firmando renúncia de direitos ou perdoando dívidas. Fosse assim, a faculdade normativa conferida ao sindicato seria maior que a do legislador estatal, pois este não pode ferir o direito de propriedade, não sendo possível, ainda, nem por lei, salvo por desapropriação, privar qualquer pessoa de seus bens sem o devido processo legal (inciso LIV do art. 5º da CF/1988).

Em verdade, quando a entidade sindical, mediante de norma coletiva, renuncia direito dos membros da categoria, está, em outras palavras, desapropriando direitos ou privando o titular do direito de seu bem. Isso quando as entidades sindicais legislam coletivamente.

E, aqui, então, cabe uma distinção. É que a entidade sindical tanto pode legislar, como, em sentido mais restrito, pode negociar em nome dos seus representados. Ali, cria normas; aqui, celebra um negócio jurídico.

Quando legisla, as entidades sindicais dispõem de uma regra a ser aplicada no futuro, com todas e as mesmas características de uma lei estatal. Quando simplesmente negocia, com intuito de firmar uma transação envolvendo direitos controvertidos (*res dubia*), ele, em verdade, representa coletivamente os membros da categoria em derredor desse negócio jurídico. E neste caso, o resultado da negociação não resulta em uma regra, mas, sim, em um contrato (transação).

Assim, *v. g.*, quando as entidades sindicais dispõem que as horas extras devem ser remuneradas com adicional de 100%, elas estão criando uma nova regra jurídica, a ser aplicada tal como uma lei. Já quando, diante da controvérsia quanto às diferenças salariais devidas em decorrência de um reajuste previsto anteriormente e não concedido, ao celebrarem um acordo coletivo estabelecendo um valor a ser pago ou fixando outra forma de satisfação da obrigação, as entidades sindicais estão pactuando verdadeira transação, envolvendo direitos litigiosos. Na primeira hipótese, cria-se o direito; na segunda, celebra-se negócio jurídico em derredor do direito já existente (ainda que controvertido).

Essa distinção é por demais importante. Isso porque quando a entidade sindical firma convenção ou acordo coletivo conferindo quitação, transaciona direitos duvidosos ou renuncia direito certo (ainda que futuro) e (já) existente, ela não está legislando uma nova condição de trabalho. Não está estabelecendo uma nova regra a reger as relações jurídicas de emprego no prazo de sua vigência. Verdadeiramente, a entidade sindical não está legislando. Está, em realidade, praticando ato negocial de vontade (renúncia, quitação ou transação).

Óbvio, então, que, neste seu agir, a entidade sindical não dispõe da prerrogativa *ope legis* (por força de lei) para representar os membros da categoria. Pode, porém, praticar esses atos, mas desde que esteja atuando como mandatária. É indispensável, portanto, para validade da renúncia, quitação ou transação coletivamente firmada que cada trabalhador e cada empresa representada outorgue poderes à entidade sindical respectiva. E aqui, a vontade coletiva não prevalece sobre o direito ou crédito individualizado, pois a categoria não pode dispor sobre o patrimônio individual de qualquer de seu membro.

E, enquanto mandatário, a entidade sindical agiria como representante do empregado. Logo, todas as lições acima delineadas, quanto à renúncia e transação, aplicam-se a esta forma de negociação.

Assim, qualquer ato de renúncia ou remissão da dívida firmada mediante negociação coletiva incidiria no vício da nulidade plena, pois, neste caso, a convenção coletiva ou o acordo coletivo também impediria a aplicação da norma trabalhista[201].

---

[201] Em sentido contrário: "DIFERENÇAS DE ADICIONAL DE HORAS EXTRAS SOBRE AS HORAS DE TRANSPORTE — QUITAÇÃO POR ACORDO COLETIVO — VALIDADE — A norma coletiva representa a vontade das partes e, portanto, deve ser respeitada, nos termos previstos no art. 7º, XXVI, da Constituição Federal. Consequentemente, é válido o acordo coletivo que estabelece a condição de irretroatividade do adicional de horas extras sobre as horas de transporte, dando por quitadas quaisquer diferenças do referido adicional porventura existentes." (TST, ERR n. 217178/1995, SBDI. 1 — Rel. Min. Candeia de Souza, DJU 25.06.1999, p. 41.)

Em suma, as entidades sindicais não podem dispor sobre o patrimônio do empregado, conferindo perdão da dívida ou renúncia, ainda que no uso do poder normativo que dispõem, pois nem a lei assim pode, sob pena de violação ao direito de propriedade (incisos XXII e LIV do art. 5º da CF/1988). E para a hipótese de outorga de poderes expressos por parte do empregado, para a entidade sindical firmar tais atos, o mandato não deixaria de ser nulo, pois nem o trabalhador pode impedir a aplicação da norma trabalhista (art. 9º da CLT).

3.2. DAS EXCEÇÕES AO PRINCÍPIO DO NÃO-RETROCESSO (A FLEXIBILIZAÇÃO DAS NORMAS TRABALHISTAS) POR MEIO DA NEGOCIAÇÃO COLETIVA

Diante dos princípios regentes da negociação coletiva e das conclusões sobre eles expostas anteriormente, podemos apontar algumas hipóteses em que as partes interessadas, podem estabelecer condições de trabalho menos favoráveis ao trabalhador.

As situações previstas em lei, que admitem a modificação para pior, podem ser agrupadas em seis temas:

a) diminuição de salário;

b) aumento da jornada;

c) compensação da jornada;

d) aumento do intervalo intrajornada;

e) mudança do regime contratual (tempo parcial); e

f) suspensão contratual.

3.2.1. Da Possibilidade de Redução dos Salários

Como exceção ao princípio da irredutibilidade salarial, o inciso VI do art. 7º da CLT prevê a possibilidade de redução salarial mediante convenção ou acordo coletivo.

Restou, assim, por expressa disposição constitucional, assegurado o direito das partes interessadas, por meio da negociação coletiva, estabelecer uma regra mais desfavorável ao empregado, possibilitando a redução do seu salário.

Do texto constitucional, porém, ressalta que essa redução somente pode decorrer de norma inserida em convenção ou acordo coletivo do trabalho. Logo, a lei, a sentença normativa, qualquer outro dispositivo estatal ou mesmo por intermédio da negociação individual não se admite a redução salarial.

Ocorre, porém, que, antes mesmo da promulgação da atual Carta Magna, já tínhamos um dispositivo legal que autorizava a redução salarial.

Assim, dispõe o art. 503 da CLT que *"é lícita, em caso de força maior ou prejuízos devidamente comprovados, a redução geral dos salários dos empregados da empresa, proporcionalmente aos salários de cada um, não podendo, entretanto, ser superior a 25%, respeitado, em qualquer caso, o salário mínimo".*

Em relação ao art. 503 da CLT, poder-se-ia ter como não-recepcionado este texto legal em face dos termos da atual Carta da República, que somente permite redução mediante negociação coletiva.

Dando-lhe, no entanto, interpretação conforme a Constituição, pode-se concluir que o art. 503 da CLT estabelece a possibilidade de, mediante negociação coletiva, *"em caso de força maior ou prejuízos devidamente comprovados"*, fixar-se *"a redução geral dos salários dos empregados da empresa, proporcionalmente aos salários de cada um, não podendo, entretanto, ser superior a 25%, respeitado, em qualquer caso, o salário mínimo".*

Daí se tem que este dispositivo, ao invés de ser considerado inconstitucional, estaria, verdadeiramente, regulamentando o disposto no inciso VI do art. 7º da CLT, ao permitir a redução salarial em casos de força maior ou crise econômica da empresa, mas nunca em percentual superior a 25% do salário.

A doutrina cita, ainda, a Lei n. 4.923/1965, em seu art. 2º, como autorizadora da redução salarial, quando ela dispõe que *"a empresa que, em face de conjuntura econômica, devidamente comprovada, se encontrar em condições que recomendem, transitoriamente, a redução da jornada normal ou do número de dias do trabalho, poderá fazê-lo, mediante prévio acordo com a entidade sindical representativa dos seus empregados, homologado pela Delegacia Regional do Trabalho, por prazo certo, não excedente de 3 (três) meses, prorrogável, nas mesmas condições, se ainda indispensável, e sempre de modo que a redução do salário mensal resultante não seja superior a 25% (vinte e cinco por cento) do salário contratual, respeitado o salário mínimo regional, e reduzidas proporcionalmente a remuneração e as gratificações de gerentes e diretores".*

Esse dispositivo, legal, no entanto, não estabelece a redução salarial propriamente dita. Ela dispõe, em verdade, que a empresa em dificuldade financeira pode reduzir a jornada de trabalho ou os dias de trabalho, mediante negociação coletiva, desde que não haja redução do ganho do trabalhador em percentual superior a 25%. Ou seja, nesta hipótese, a lei não prevê a redução nominal do valor do salário, mas sim, da carga de trabalho mensal, resultando, por via de consequência, na diminuição do ganho mensal do trabalhador, mas não do valor do seu salário-hora.

Diferentemente, entretanto, ocorre com o disposto no art. 503 da CLT, que permite a redução nominal do salário, sem redução da carga de trabalho.

Desse modo, tendo-se este último dispositivo legal (art. 503 da CLT) como constitucional, conclui-se, então, que a redução salarial, mediante negociação coletiva, apenas será lícita se preenchidas as condições acima mencionadas, quais sejam, quando diante de força maior ou crise econômica da empresa.

Temos, assim, considerando o texto constitucional, uma legislação infraconstitucional que avançou socialmente ao limitar a autonomia coletiva privada quanto ao poder reducionista dos salários. Ao invés da ampla liberdade de negociar coletivamente a redução salarial, como estabeleceu a Constituição, tem-se uma norma inferior que impõe limites. E como esta norma inferior é mais favorável aos trabalhadores (ao limitar a redução 25%, por exemplo), ela não se choca com a Constituição. Ao contrário, vai ao seu encontro, tendo em vista o princípio agasalhado no *caput* do art. 7º da CF/1988.

E esta interpretação se mostra compatível com o princípio da irrenunciabilidade dos direitos trabalhistas, pois, do contrário, diante da ampla liberdade prevista no inciso VI do art. 7º da CF, teríamos que admitir que, sem qualquer motivação, pudessem os entes sindicais estabelecer a redução salarial. Tendo-se em vista o art. 503 da CLT, no entanto, a renúncia salarial, somente será admitida quando diante de uma situação grave (força maior ou prejuízo da empresa) esta possa gerar maior desconforto para o trabalhador (o desemprego).

No confronto entre dois valores, optou-se por admitir a redução salarial, de modo a se preservar o bem maior (o emprego).

3.2.2. Aumento da jornada

Já o art. 7º, inciso XIV da Constituição Federal prevê a possibilidade da jornada de trabalho dos empregados em turnos ininterruptos de revezamento ser aumentada por força de negociação coletiva. Temos, então, a possibilidade da modificabilidade para pior, pois estes trabalhadores, sujeitos à jornada normal de seis horas, poderiam ficar vinculados à jornada de oito horas mediante negociação coletiva.

Dois dispositivos legais, outrossim, estabelecem possibilidades de aumento de jornada em condições idênticas, ou seja, em face de negociação coletiva. Primeiro, temos o art. 295 da CLT, *in verbis*: *"A duração normal do trabalho efetivo no subsolo poderá ser elevada até oito horas diárias ou quarenta e quatro semanais, mediante acordo escrito entre empregado e empregador ou convenção coletiva de trabalho, sujeita essa prorrogação à prévia licença da autoridade competente em matéria de medicina do trabalho."*

Segundo, temos o art. 20 da Lei n. 8.906/1994, *in verbis*: *"A jornada de trabalho do advogado empregado, no exercício da profissão, não poderá exceder a duração diária de quatro horas contínuas e a de vinte horas semanais, salvo acordo ou convenção coletiva ou em caso de dedicação exclusiva."*

Nestas duas últimas hipóteses, a lei fixa a jornada normal do trabalhador em subsolo em seis horas (art. 293 da CLT), prevendo seu aumento, mediante negociação coletiva, para oito horas; já para o advogado, a lei fixa a jornada normal de quatro horas, admitindo, da mesma forma, seu aumento mediante negociação.

O art. 59 da CLT, outrossim, admite, ainda, a prorrogação da jornada, em até duas horas, também mediante negociação das partes interessadas. Só que neste caso, as horas em prorrogação devem ser pagas como extraordinárias, com acréscimo de 50%, no mínimo (§ 1º do art. 59 da CLT).

Neste último caso, então, temos uma situação em que, por negociação, pode ser estabelecida uma situação mais desfavorável para o trabalhador (jornada maior). Só que, neste caso, é assegurado ao empregado uma compensação (pagamento do adicional de horas extras). Pode-se, então, concluir que, em tal situação, a modificação para pior da jornada de trabalho foi compensada com outras medidas benéficas para o trabalhador. São os tais *"esquemas alternativos ou compensatórios",* mencionados por *J. J. Gomes Canotilho* e que conduzem à conclusão de que, nestes casos, não se está diante de norma que retroage socialmente[202].

Assim, não estamos diante de uma situação de renúncia de uma vantagem trabalhista, podendo-se, concluir, ainda, que também não estamos diante de norma mais desfavorável, já que o empregado é credor de *"esquemas compensatórios".*

E é neste sentido que o TST, ao apreciar os acordos coletivos ou convenções coletivas que aumentam a jornada de trabalho do empregado em turno de revezamento, tem, reiteradamente, decidido que *"o artigo 7º, inciso XIV, da Lei Maior, ao contemplar a jornada de trabalho em turnos ininterruptos de revezamento de 6 horas diárias, permitiu sua ampliação por meio de negociação coletiva. Essa possibilidade de alteração de jornada, contudo, não é ilimitada, pois deve ser observada a compensação ou concessão de vantagens ao empregado. Nunca, porém, a eliminação do direito à jornada reduzida"* (RR 813798, 3ª T., Rel. Min. Carlos Alberto Reis de Paula, DJU 7.11.2003).

Assim, coerentemente com os princípios trabalhistas, não se pode ter como absoluta a autonomia coletiva privada nesta matéria. A norma que amplia a jornada de trabalho (em todos os casos acima citados), portanto, deve, necessariamente, conter *"esquemas alternativos ou compensatórios"*, afastando-se a hipótese de

---

[202] *Direito Constitucional e Teoria da Constituição.* p. 337-338.

simples renúncia ou mesmo de modificação para pior. Tal se aplica, inclusive, os trabalhadores em mina de subsolo e aos advogados.

Estamos diante de hipótese de renúncia e de norma mais desfavorável quando a norma coletiva, por exemplo, prever o aumento da jornada para oito horas e não estabelece sequer o pagamento das horas sobressalentes. Neste sentido, inclusive, já decidiu o TST, *in verbis*: *"a Constituição Federal é clara ao assegurar ao trabalhador, em seu artigo 7º, XIV, a "jornada de seis horas para o trabalho realizado em turnos ininterruptos de revezamento, salvo negociação coletiva". Mas, é preciso que esse direito, que não é irrestrito, seja exercido dentro de princípios e regras que não comprometam a higidez físico-psíquica e financeira do empregado. O acordo coletivo em exame, conforme retrata o acórdão recorrido, prevê jornada de 8 horas para os empregados e, em contraprestação, assegura adicional de 100% para as horas excedentes da quadragésima quarta semanal e 200% para aquelas trabalhadas em domingos. Com todas as vênias, ineficaz o referido reajuste, na medida em que permite a prorrogação do trabalho em turno ininterrupto de 6 para 8 horas, sem contraprestação remuneratória das 7ª e 8ª horas, circunstância que compromete não apenas a saúde do trabalhador, como também seu ganho. Recurso de embargos conhecido e provido"* (ERR n. 363177, SBDI. 1, Rel. Min. Milton de Moura França, DJU 13.6.2003).

Assim, tem-se que o inciso XIV do art. 7º da CF é flexibilizante das condições de trabalho sem, contudo, implicar em renúncia ou estabelecimento de condições mais desfavoráveis.

Assim, a modificação somente será lícita se acompanhada de esquema compensatório em prol do trabalhador. E, desse modo, não estaremos diante de qualquer renúncia de direito ou estabelecimento de condições mais desfavoráveis.

3.2.3. Compensação de Jornada

O art. 7º, inciso XIII, da CF/1988, por sua vez, a par de estabelecer a jornada máxima de oito horas e a carga semanal de trabalho em quarenta e quatro horas, previu a possibilidade de *"compensação de horários e a redução da jornada, mediante acordo ou convenção coletiva de trabalho"*.

Disposição semelhante temos no art. 59, § 2º, da CLT (banco de horas), *in verbis*: *"Poderá ser dispensado o acréscimo de salário se, por força de acordo ou convenção coletiva de trabalho, o excesso de horas em um dia for compensado pela correspondente diminuição em outro dia, de maneira que não exceda, no período máximo de um ano, à soma das jornadas semanais de trabalho previstas, nem seja ultrapassado o limite máximo de dez horas diárias."*

O que importa destacar, nestes dispositivos legais, é que não estamos diante de situações que conduzem à renúncia de direitos ou a situações mais desfavoráveis. Isso porque a norma coletiva se vale de *"esquemas compensatórios"* à redução da condição de trabalho que era mais favorável. *In casu*, a elevação do trabalho em um dia é compensado com a diminuição em outro.

Pode-se, então, concluir, tal como na situação anterior, que o inciso XIII do art. 7º da CF é flexibilizante das condições de trabalho, sem implicar em renúncia ou estabelecimento de condições mais desfavoráveis.

3.2.4. Intervalo Intrajornada

Temos, ainda, a regra do art. 71 da CLT que estabelece, *in verbis*: *"Em qualquer trabalho contínuo, cuja duração exceda de seis horas, é obrigatória a concessão de um intervalo para repouso ou alimentação, o qual será, no mínimo, de uma hora e, salvo acordo escrito ou convenção coletiva em contrário, não poderá exceder de duas horas."*

Por este dispositivo legal, o intervalo intrajornada máximo pode ser aumentado para além de duas horas.

Tal permissivo legal pode conduzir a situação mais desfavorável para o empregado na medida em que este, com intervalo intrajornada superior a duas horas, fica com um maior tempo diário dedicado à empresa. Se normalmente, este tempo seria de até dez horas (oito horas trabalhadas e duas horas de descanso), com a flexibilidade, esse poderia ser superior.

Aqui, a lei é permissiva. Há possibilidade de regra mais desfavorável, observado, no entanto, o limite imposto pelos princípios contratuais que, desrespeitados, caracterizam o abuso do direito.

A pactuação, contudo, pode ser questionada a partir do princípio do não-retrocesso ou, quando for o caso, do princípio da proibição da alteração contratual para pior.

3.2.5. Opção pelo Contrato Parcial

Outra situação semelhante temos com a possibilidade legal de mudança do regime contratual (do ordinário para o de tempo parcial), mediante previsão em norma coletiva.

Neste sentido, dispõe o § 2º do art. 58-A da CLT que, *in verbis*: *"Para os atuais empregados, a adoção do regime de tempo parcial será feita mediante opção manifestada perante a empresa, na forma prevista em instrumento decorrente de negociação coletiva."*

Por meio deste dispositivo, a norma coletiva pode prever a possibilidade do empregado, individualmente, solicitar a mudança do seu regime de trabalho para o de tempo parcial, que se mostra, a princípio, mais desfavorável. Isso porque o empregado contratado a tempo parcial, quando das férias, terá direito a gozá-las em período inferior ao assegurado aos demais trabalhadores (art. 130-A da CLT); ademais, terá remuneração global inferior à de um trabalho desempenhado em tempo integral.

Pode-se, porém, concluir que a alteração não seria para pior, não implicando em renúncia, já que o empregado, de qualquer forma, passa a trabalhar em jornada ordinária de trabalho mais reduzida, não podendo lhe ser exigida a prestação de horas extras (§ 4º do art. 59 da CLT).

3.2.6. Suspensão Contratual para Qualificação Profissional

Por fim, temos a hipótese da norma coletiva disciplinar a suspensão contratual com base no art. 476-A da CLT, *in verbis*: *"O contrato de trabalho poderá ser suspenso, por um período de dois a cinco meses, para participação do empregado em curso ou programa de qualificação profissional oferecido pelo empregador, com duração equivalente à suspensão contratual, mediante previsão em convenção ou acordo coletivo de trabalho e aquiescência formal do empregado, observado o disposto no art. 471 desta Consolidação."*

Neste último caso, a norma coletiva pode estabelecer uma hipótese de suspensão contratual não prevista em lei. Contudo, ela não se mostra desfavorável ao empregado, já que este, neste caso, irá se ausentar do emprego para participar de curso de qualificação profissional que, certamente, trará benefícios à sua condição pessoal.

Além disso, a norma coletiva pode estabelecer outros *"esquemas compensatórios"* (§§ 3º a 7º do art. 476-A da CLT).

3.3. INVERSÃO DO PRINCÍPIO DA INDERROGABILIDADE DA LEI POR NORMA COLETIVA?

Diante de tantas hipóteses previstas em lei, de modificabilidade das condições de trabalho mediante negociação coletiva, seria de se perguntar: o negociado prevalece sobre o legislado? Haveria uma inversão no princípio da inderrogabilidade da lei estatal por parte da norma coletiva? Em suma, o que já é denominado de *princípio da autonomia coletiva*[203] privada prevalece sobre o princípio protecionista?

Tal questionamento já foi levado a estudo na Itália na década de 80 do século passado. Como afirma *Gino Giugni*, *"a análise destas repetidas intervenções, que abrem fissuras mais ou menos consistentes no cânone da inderrogabilidade unilateral da lei em matéria de trabalho, por obra da contratação coletiva, induziu estudioso a considerar que tal critério já esteja*

---

[203] GOMES, Ana Virgínia Moreira. Ob. cit, p. 41 e 90.

fragmentado em sua validade de princípio geral, válido em todos os casos em que não estejam dispostos de outra maneira. Tal princípio seria hoje substituído por critério, exatamente o inverso, de fungibilidade geral entre as fontes legais e contratuais; disto derivaria o eventual conflito entre as duas fontes, que se deveria resolver não mais em termos de predomínio hierárquico da lei, mas baseado no critério cronológico da sucessão no tempo ou segundo o critério de especialidade, com validade da fonte mais próxima à situação substancial, objeto de regulamentação"[204].

Na França, mais recentemente, em especial após a edição da lei de 29 de agosto de 2002, este debate se aflorou, sustentando-se, porém, que, com o processo de "contratualização" ou "convencionalização" isso não significa, ainda, a submissão da lei frente ao contrato, mas, sem dúvida, a abertura de um debate de grande relevância sobre o papel do Estado[205].

É certo que corrente doutrinária defende que, pelo menos *de lege ferenda*, o negociado deve prevalecer sobre o legislado, de modo que por intermédio da negociação coletiva poderia ser suprimido o mínimo assegurado em lei[206]. Outrossim, outra corrente sustenta que, no conflito entre o princípio protecionista e o da autonomia coletiva privada, sejam sopesados os interesses em choque de modo que, na ponderação de valores, prevaleça aquele menos sacrificado[207].

Cremos, entretanto, que, ainda que venham se avolumando as fissuras no sistema de proteção, ao menos em nosso ordenamento jurídico, não podemos concluir que o disposto em norma coletiva tenha alcançado patamar de prevalência sobre o mínimo assegurado em lei. Em verdade, as hipóteses flexibilizadoras da lei há pouco mencionadas ainda continuam no campo das exceções, não se podendo concluir que, por elas, tenha se invertido o princípio do avanço social ou da proteção do trabalhador.

Ademais, em todas as hipóteses, a própria lei autorizou a flexibilização e, ainda assim, mediante esquemas compensatórios.

Continuam a prevalecer, pois, ainda, todos os princípios trabalhistas delineados anteriormente, em especial o do não-retrocesso social, ao qual as normas coletivas estão adstritas em face do *caput* do art. 7º da CF de 1988 e do § 2º do art. 114 da CF.

O movimento flexibilizante, outrossim, não abalou o princípio da proteção, por maior que seja a crise enfrentada pelo Direito do Trabalho[208].

---

[204] *Direito Sindical*, p. 154-155.
[105] SUPIOT, Alain. *Un Faux Dilemme: la Loi ou le Contrat?* p. 59-71. Sobre este mesmo tema, cf. BORENFREUND, Georges e SOURIAC, Marie-Armelle. *Les Raports de la Loi de la Convention Collective une Mise en Perspective.* p. 72-86.
[106] Por todos, ROBORTELLA, *Luiz Carlos Amorim. Prevalência da Negociação Coletiva sobre a Lei, passim.*
[107] MENEZES, Mauro de Azevedo. *Constituição e Reforma Trabalhista no Brasil.* p. 301.
[108] GIL, Luis Enrique de la Villa Gil e CUMBRE, Lourdes López Cumbre. Ob. cit., p. 345.

De qualquer modo, há de se diferenciar, como já antes mencionado, os direitos de indisponibilidade absoluta dos direitos de indisponibilidade relativa.

O direito é de indisponibilidade absoluta quando merecer uma tutela de nível de interesse público, traduzindo um patamar civilizatório mínimo firmado pela sociedade política em um dado momento histórico. São exemplos típicos desse patamar civilizatório mínimo as normas que tratam do salário mínimo, normas de proteção à saúde e segurança do trabalhador etc.

Os direitos de indisponibilidade relativa são aqueles que traduzem interesse individual ou bilateral simples, não caracterizando um padrão civilizatório geral mínimo firmado pela sociedade política em um dado momento histórico[209].

As parcelas de indisponibilidade relativa podem ser objeto de negociação desde que esta não resulte em efetivo prejuízo ao empregado; não podem, no entanto, ser objeto de renúncia, a não ser que a ordem jurídica heterônoma estatal expressamente a consinta. A hipótese de alteração *in pejus* estaria vedada, não só em face do disposto no art. 468 da CLT, no nível dos contratos individuais, como, ainda, em decorrência do princípio do não-retrocesso social agasalhado no *caput* do art. 7º da CF/1988, ao qual está submetido as normas coletivas.

Como se vê, em face dos princípios que norteiam o direito do trabalho e da leitura que se há de fazer de suas normas em face do nosso sistema constitucional centrado no Estado de Bem-Estar Social, as hipóteses de disposição de direitos trabalhistas são as mais restritas possíveis, havendo que se interpretar os dispositivos que tratam sobre o assunto com o mesmo espírito com que a Constituição incorporou os princípios a elas correlatos, dando-lhes, portanto, efetividade.

No particular, são valiosas as lições de *Luís Roberto Barroso* e *Ana Paula de Barcellos*, ao salientarem que *"efetividade significa a realização do Direito, a atuação prática da norma, fazendo prevalecer no mundo dos fatos os valores e interesses por ela tutelados. Simboliza a efetividade, portanto, a aproximação, tão íntima quanto possível, entre o dever ser normativo e o ser da realidade social. O intérprete constitucional deve ter compromisso com a efetividade da Constituição: entre interpretações alternativas e plausíveis, deverá prestigiar aquela que permita a atuação da vontade constitucional, evitando, no limite do possível, soluções que se refugiem no argumento de não autoaplicabilidade da norma ou na ocorrência de omissão do legislador"*[210].

Só com este tipo de atitude tornaremos efetivas as nossas normas trabalhistas e, desse modo, estaremos, como intérpretes de uma sociedade aberta, contribuindo para instituir um verdadeiro Estado democrático de direito.

---

[209] A propósito do tema, conferir DELGADO, Mauricio Godinho. Ob. cit., p. 213.
[210] *O Começo da História. A Nova Interpretação Constitucional e o Papel dos Princípios no Direito Brasileiro*. p. 166.

3.4. AUTONOMIA COLETIVA EM FACE DOS DIREITOS PREVISTOS EM NORMAS COLETIVAS

No que diz respeito à autonomia coletiva, resta um último ponto a ser enfrentado, qual seja, até onde o poder de negociação coletiva pode ir em face das normas já incrustadas em instrumentos normativos anteriores.

Igualmente sujeitos ao princípio do avanço social e ao da norma mais favorável, os direitos trabalhistas assegurados por norma coletiva (lei em sentido formal) também gozam da garantia da intangibilidade. Eles, portanto, nem por norma estatal posterior, podem ser tangidos, salvo para melhor, ainda que mediante esquemas compensatórios.

Lógico que este raciocínio parte do pressuposto de que a norma coletiva é válida, tendo sido firmada por quem tinha capacidade para agir e poder para dispor.

Uma questão, porém, coloca-se em relação à norma coletiva. Ela se refere à incorporação ou não ao patrimônio do trabalhador da vantagem estabelecida na norma coletiva.

Essa questão é de suma importância e prévia à análise da norma mais favorável, pois se se entender que a vantagem coletiva se incorpora ao direito do trabalho já consolidado, inadmitindo retrocesso, este será intangível por norma coletiva posterior, salvo se substituído por *"esquema compensatório"*.

3.4.1. Da Incorporação ou não dos Direitos Trabalhistas Assegurados por Norma Coletiva

Três correntes doutrinárias se revelam quanto à incorporação ou não, ao contrato individual de trabalho, das condições estabelecidas nas normas coletivas. A primeira, sustenta a sua incorporação *ad infinitum*; a segunda nega a incorporação; e, a terceira, sustenta a incorporação, admitindo, porém, a supressão da vantagem por norma coletiva posterior.

Esta terceira corrente, subespécie da primeira, restou consagrada na égide da Lei n. 8.542/1992, que estabelecia, no § 1º do seu art. 1º *"as cláusulas dos acordos, convenções ou contratos coletivos de trabalho integram os contratos individuais de trabalho e somente poderão ser reduzidas ou suprimidas por posterior acordo, convenção ou contrato coletivo de trabalho"*. Tal norma, no entanto, já foi extirpada no nosso mundo jurídico, o que não quer dizer que sua doutrina ainda não sobreviva.

Desnecessário se mostra, neste trabalho, passar em revista as três correntes doutrinárias, diante da farta literatura jurídica derredor das mesmas.

Não podemos, porém, nos furtar de adotar uma posição, conquanto nossas conclusões finais possam levar em consideração as três correntes supramencionadas.

E de logo afastamos a terceira corrente doutrinária, pois esta, sem dúvida, partindo-se do seu pressuposto, iria de encontro ao princípio do avanço social. Ora, admitindo-se a incorporação da vantagem coletiva, sua supressão somente poder-se-ia admitir com a implantação de norma mais favorável; jamais sua redução ou supressão pura e simples.

Entendemos, no entanto, que, sempre que sujeito a prazo de vigência, a vantagem trabalhista assegurada em instrumento coletivo não se incorpora ao direito do trabalho mínimo já consolidado. Isso porque, se os próprios instituidores da norma estabelecem um prazo para sua vigência, parece-nos óbvio que esta não se integra ao direito do trabalho já consolidado (inadmitindo o retrocesso), pois as eventuais vantagens teriam sido concedidas a título provisório (a prazo; temporariamente).

Ora, quando a norma coletiva, por exemplo, estabelece o pagamento das horas extras com acréscimo do adicional de 100%, preceituando que essa regra vigerá durante doze meses, ela está, em outras palavras, afirmando que, vencido esse prazo, aquela vantagem não mais será devida. Não se tem, dessa forma, como considerar incorporada ao direito do trabalho já consolidado (em seu avanço social), a vantagem estabelecida em norma coletiva, salvo no prazo de sua vigência.

Forte corrente doutrinária, no entanto, entende que essa incorporação decorre de texto constitucional, a teor do disposto no § 2º do art. 114. Isso porque, para esta corrente doutrinária, como em dissídio coletivo os Tribunais do Trabalho devem estabelecer normas e condições de trabalho respeitando as disposições *convencionais* anteriormente firmadas e legais mínimas, é imprescindível que a norma coletiva esteja atuante, seja atual. E como o dissídio coletivo pressupõe a não-vigência da norma coletiva (e a falta de êxito na negociação coletiva), as condições estabelecidas nas convenções coletivas (com prazo já vencido) estariam incorporadas ao direito do trabalho já consolidado, de modo que os tribunais do trabalho haveriam de respeitá-las.

Essa corrente doutrinária, no entanto, parte do pressuposto de que a norma coletiva não está em vigor quando do julgamento do dissídio coletivo, quando pode estar, já que este pode ser ajuizado até sessenta dias antes do término de sua vigência (e, de logo, ser julgado, inclusive sempre que respeitados os prazos procedimentais). Além disso, essa corrente doutrinária dá à expressão *"convencionais"* um significado restritivo, relacionando-o às convenções coletivas, quando se pode tê-la como relativo a toda e qualquer regra convencional, isto é, que decorra de convenção (acordo, contrato) celebrada entre pessoas capazes.

Admitimos, porém, a incorporação ao núcleo do direito do trabalho consolidado, de modo a inadmitir seu retrocesso, das vantagens asseguradas nas normas coletivas se se considerar como inconstitucional o disposto no inciso II do art. 613 da CLT e desde que a convenção coletiva ou o acordo coletivo não esteja submetido a prazo de vigência.

Podemos, assim, ter como inconstitucional o disposto no inciso II do art. 613 da CLT, já que este dispositivo legal estabelece uma restrição, não prevista na Carta Magna, ao poder negocial (autonomia negocial) das entidades sindicais.

Ora, considerando que a Constituição conferiu o poder normativo às entidades sindicais (inciso XXVI do art. 7º), estabelecendo que a elas compete a defesa dos interesses da categoria (inciso III do art. 8º), sendo obrigatória sua participação na negociação coletiva (inciso VI do art. 8º), parece-nos que o legislador infraconstitucional não pode, sob pena de incidir no vício da inconstitucionalidade, restringir esse direito fundamental das entidades sindicais e dos próprios trabalhadores e empresários.

Assim, somente aos próprios interessados compete decidir quanto à vigência das normas coletivas. Qualquer limite posto pela lei, portanto, mostra-se inconstitucional, já que este restringe o direito fundamental à negociação coletiva.

Óbvio, no entanto, que as próprias partes interessadas podem estabelecer um prazo de vigência da norma coletiva.

Desse modo, podemos concluir, neste ponto, que os direitos trabalhistas assegurados por norma coletiva, quando não sujeitos a prazo de vigência, incorporam-se ao núcleo essencial do direito do trabalho já consolidado, submetendo-se ao princípio do não-retrocesso social e da intangibilidade.

Já os direitos trabalhistas assegurados por norma coletiva sujeitos a prazo, não se incorporam ao núcleo essencial do direito do trabalho já consolidado de forma permanente, podendo, assim, seu objeto ser matéria de nova regulamentação coletiva, ainda que para pior em relação à norma coletiva anterior vencida (e somente após o seu vencimento, salvo as hipóteses que justificam a revisão da cláusula).

CONCLUSÃO

Ao longo do presente estudo, procuramos demonstrar como se inseriu o Direito do Trabalho no contexto da passagem do Estado Liberal para o Estado de Bem-Estar Social e como resultado das próprias necessidades que emergiram deste último, após a formação de uma classe perfeitamente identificada pelos interesses e pelas condições de trabalho a que se submetia: a classe proletariada.

A inserção histórica do Direito do Trabalho nesse contexto revela a importância de que, na interpretação de suas normas e institutos, sejamos fiéis às premissas que motivaram o seu surgimento e sua afirmação como ramo autônomo do Direito, com princípios próprios e que lhe são inerentes.

Hoje, fala-se de uma flexibilização do Direito do Trabalho e, na busca da resposta de que flexibilização é esta, ou melhor, de que flexibilização deve ser esta, procuramos estruturar o trabalho abordando a intangibilidade dos direitos dos trabalhadores e os seus limites com respaldo em uma Constituição que inaugura o Estado do Bem-Estar Social e não, em interesses próprios da herança liberal clássica.

Tal intangibilidade foi abordada sob três aspectos básicos: no que se refere ao poder de emenda do legislador, quanto à autonomia privada do trabalhador e, por fim, em relação à negociação coletiva.

As conclusões postas em torno do tema não são exaurientes e, tampouco, definitivas, eis que a provisoriedade há de ser tida como a nota característica do jurista que se vê como intérprete e operador do direito, com uma tarefa sempre construtiva.

Sintetizando as considerações expostas ao longo do trabalho, pois, poderíamos dizer que:

1 — sendo direitos historicamente fundados, os direitos humanos nascem de modo gradual em face das circunstâncias que se vão apresentando, podendo-se, então, falar em "gerações" ou "dimensões" de direitos, pertencendo os direitos sociais à segunda delas e surgidos em face dos germes plantados pelo próprio liberalismo;

2 — a implantação do Estado Social traz consigo um importante princípio a ele ínsito: a de proibição do retrocesso social, por meio do qual o núcleo essencial dos direitos sociais já realizado e efetivado mediante medidas

legislativas há de ser considerado constitucionalmente garantido, sendo inconstitucionais medidas estatais que possam representar aniquilação pura e simples desse núcleo essencial, sem a criação de outros esquemas alternativos ou compensatórios;

3 — o princípio do não-retrocesso social no direito do trabalho brasileiro, por sua vez, foi acolhido no texto constitucional, mediante a redação do *caput* do art. 7º da Carta da República que, em sua parte final, estabelece que são direitos dos trabalhadores aqueles elencados em seus diversos incisos, *"além de outros que visem à melhoria de sua condição social"*;

4 — o Direito do Trabalho surgiu no contexto do advento da grande indústria, no final do século XVIII e ao longo do século XIX, quando as modificações nas relações de produção demandaram a utilização maciça do trabalho assalariado.

A liberdade e autonomia da vontade, própria do Estado Liberal, surgido com a Revolução Francesa, no entanto, conduziu ao abuso, ou seja, à exploração do trabalho humano, passando-se a observar que a principal premissa do Direito Civil — igualdade entre as partes e liberdade de contratar — já não mais podia respaldar as relações trabalhistas surgidas, sob pena de se chancelar a exploração do homem com o selo jurídico;

5 — o princípio da proteção (que envolve os subprincípios do *in dubio pro operario*, da norma mais favorável e da condição mais benéfica e da inalterabilidade contratual lesiva) no Direito do Trabalho surge como ínsito ao surgimento desse próprio ramo jurídico haja vista a necessidade de ações que impedissem que a notória desigualdade entre as partes contratantes proporcionasse uma extrema desvantagem para uma delas, no caso, o trabalhador.

Ao lado desse princípio, afiguram-se, ainda, como de aceitação unânime para a compreensão desse ramo do Direito, o da irrenunciabilidade, da primazia da realidade e o do não-retrocesso social, o qual, decorrente das Constituições Sociais, não é citado pelos doutrinadores laboralistas;

6 — no Brasil, o Direito do Trabalho surgiu com uma passagem brusca da fase de manifestações incipientes e esparsas para a fase da institucionalização do ramo jurídico trabalhista, sem que a classe operária brasileira tivesse tido a oportunidade de experimentar uma maturação político-jurídica que a tornasse um setor forte e com representatividade, na sociedade.

Embora as Constituições de 1934 e 1946 — assim como a de 1967/1969 — já fizessem menção a alguns direitos sociais (como educação, direitos dos trabalhadores, por exemplo), a Constituição de 1988 foi a primeira a sistematizá-los em um capítulo próprio o qual está inserido no título relativo aos Direitos e Garantias Fundamentais;

7 — os direitos dos trabalhadores são direitos sociais, ora exsurgindo como direitos a prestações, ora como autênticas liberdades sociais e a

importância de tal concepção reside justificará uma tomada de posição na interpretação e realização desses direitos como parte da realização do próprio Estado Social;

8 — os direitos sociais têm o mesmo grau de fundamentalidade dos direitos de primeira dimensão, havendo que se resolver eventuais conflitos mediante da ponderação de interesses no caso concreto, podendo-se até afirmar que os direitos fundamentais de um Estado Social, ao invés de ser unicamente limites, terminam por se converter em valores diretivos para os operadores na realização do Direito;

9 — o preâmbulo da Constituição, além da força normativa, enuncia princípios que ilumina a interpretação do texto constitucional e, portanto, de todo o ordenamento jurídico, sendo de fundamental importância a sua menção ao exercício dos direitos sociais e individuais que hão de ser perseguidos sob o manto dos valores ali enunciados: liberdade, segurança, bem-estar, desenvolvimento, igualdade e justiça;

10 — ultrapassada concepção positivista de ordenamento jurídico, hoje a crença assente é a de que as normas jurídicas se consubstanciam em regras, princípios e valores;

11 — os princípios e valores representam a matéria-prima da Nova Hermenêutica e as normas que tratam dos direitos fundamentais são aquelas que revelam, com maior ênfase, os princípios e valores que devem guiar a interpretação constitucional;

12 — por outro lado, a postura hermenêutica, dentro dessa nova perspectiva, é no sentido de romper com o paradigma estabelecido pela dogmática jurídica que impede a efetivação dos direitos sociais, procurando realizar, continuamente, a Constituição, por meio da tarefa construtiva que é inerente à tarefa de todo intérprete;

13 — a Constituição, ao estabelecer a impossibilidade de emenda no que se refere aos direitos e garantias individuais, não se ateve, exclusivamente, aos direitos inseridos no art. 5º, englobando, também, os direitos sociais e, como tais, os direitos trabalhistas ali assegurados;

14 — com o rompimento dos paradigmas liberais, não se pode mais dar à autonomia privada a concepção que antes dela se tinha, à luz de critérios civilistas tradicionais, fazendo-se uma de todos os ramos do Direito (inclusive do Direito do Trabalho) no sentido de privilegiar, não mais o patrimônio e sim, a pessoa e em particular a dignidade da pessoa humana e os valores que em torno dela gravitam;

15 — sendo a renúncia ato unilateral da parte, por meio do qual ela se despoja de um direito de que é titular, sem correspondente concessão pela parte beneficiada pela renúncia, temos como vedado ao empregado praticar tal ato em relação aos seus direitos trabalhistas, mesmo que tal se dê mediante a conciliação judicial.

Os direitos trabalhistas, portanto, previstos em lei ou em norma coletiva, são intangíveis pela via individual;

16 — tendo-se por transação o ato bilateral (ou plurilateral) pelo qual se acertam direitos e obrigações entre as partes acordantes, mediante concessões recíprocas (despojamento recíproco), envolvendo questões fáticas ou jurídicas duvidosas (*res dubia*), concluímos que o trabalhador pode praticar tal ato já que, aí, não está dispondo de nada que já faça parte do seu patrimônio;

17 — sendo a autonomia coletiva privada entendida como o poder reconhecido a grupos intermediários (entre o Estado e a pessoa) de estabelecer regras de seus interesses coletivos, a norma que daí resulta é inferior à lei, na qual deve encontrar seu pressuposto de validade, sendo os princípios dela regentes os da criatividade jurídica da negociação coletiva e o da adequação setorial negociada;

18 — a negociação coletiva, então, deve ser pautada no princípio da adequação setorial negociada, segundo a qual aquela não pode ir além dos direitos de disponibilidade relativa, que, como já dito, decorre ou da natureza da parcela ou da expressa permissão da norma estatal que os previu.

Em relação aos direitos elencados na Constituição, a negociação coletiva dos direitos trabalhistas só há de ocorrer em relação à redução salarial (art. 7º, XVI), à duração do trabalho (art. 7º, XIII) e aos turnos de revezamento ininterrupto (art. 7º, XIV) eis que, com relação a estas matérias, há previsão expressa de tal possibilidade;

19 — diante dos princípios regentes da negociação coletiva e das conclusões sobre eles expostas anteriormente, podemos apontar as situações previstas em lei, que admitem a modificação para pior, e que podem ser agrupadas em seis temas: diminuição de salário; aumento da jornada; compensação da jornada; aumento do intervalo intrajornada; mudança do regime contratual (tempo parcial); suspensão contratual;

20 — sempre que sujeita a prazo de vigência, a vantagem trabalhista assegurada em instrumento coletivo não se incorpora ao direito do trabalho mínimo já consolidado; do contrário, os direitos trabalhistas assegurados por norma coletiva, quando não sujeitos a prazo de vigência, incorporam-se ao núcleo essencial do direito do trabalho já consolidado, submetendo-se ao princípio do não-retrocesso social e da intangibilidade.

Em verdade, o direito do trabalho há de ser visto como um importante capítulo dos direitos sociais na instauração, firmação e cristalização de um verdadeiro Estado Democrático de Direito, no qual a liberdade formal cede à real, os valores individualistas e centrados na propriedade cedem aos valores sociais e centrados no indivíduo-cidadão, homem-social, tudo isto orientado pelo princípio da dignidade da pessoa humana e sem o qual, não teremos normas, não teremos homens, não teremos justiça; teremos um faz-de-contas metafísico que levará o homem a lutar pela sua vida por meio de meros instintos primitivos e próprios de um ser que não pertence a qualquer civilização.

BIBLIOGRAFIA

AINA, Eliane Maria Barreiros. *O Fiador e o Direito à Moradia. Direito Fundamental à Moradia frente à Situação do Fiador Proprietário de Bem de Família*. Rio de Janeiro: Lumen Juris, 2002.

ALEXY, Robert. T*eoria de los Derechos Fundamentales*. Madrid: Centro de Estudios Políticos y Constitucionales, 2002.

ARAÚJO, Francisco Rossal de. *A Boa-fé no Contrato de Emprego*. São Paulo: LTr, 1996.

ARAÚJO, Rosa Maria Barboza de. O Batismo do Trabalho. A Experiência de Lindolfo Collor. Rio de Janeiro: Civilização Brasileira, 1981.

ARIGÓN, Mario Garmendia. *Ordem Pública e Direito do Trabalho*. Trad. Edílson Alkmim Cunha. São Paulo: LTr, 2003.

BARCELLOS, Ana Paula de. *A Eficácia Jurídica dos Princípios Constitucionais. O Princípio da Dignidade da Pessoa Humana*. Rio de Janeiro: Renovar, 2002.

BARROSO, Luís Roberto. *Interpretação e Aplicação da Constituição*. 4. ed. São Paulo: Saraiva, 2001.

BARROSO, Luís Roberto e BARCELLOS, Ana Paula. O Começo da História. A Nova Interpretação Constitucional e o Papel dos Princípios no Direito Brasileiro. In: *Revista de Direito Administrativo,* n. 232. Rio de Janeiro: Renovar/FGV, p. 141-176, 2003.

BENITES Filho, Flávio Antonello. Direito Sindical Espanhol. A Transição do Franquismo à Democracia. São Paulo: LTr, 1997.

BETTI, Emilio. *La Interpretación de Leyes y Actos Jurídicos*. São Paulo: Martins Fontes, 1999, p. 32/107.

BIERWAGEN, Mônica Yoshizato. *Princípios e Regras de Interpretação dos Contratos no Novo Código Civil*. São Paulo: Saraiva, 2002.

BITTAR, Carlos Alberto. *Os Direitos da Personalidade*. 5. ed. atual. Eduardo C. B. Bittar. Rio de Janeiro: Forense Universitária, 2001.

BOBBIO, Norberto. *A Era dos Direitos*. 9. ed. Rio de Janeiro: Campus, 1992.

_____. *Teoria da Norma Jurídica*. Trad. Fernando Pavan Baptista e Ariani Bueno Sudatti. São Paulo: Edipro, 2001.

BOCORNY, Leonardo Raupp. *A Valorização do Trabalho Humano no Estado Democrático de Direito*. Porto Alegre: Sergio Fabris, 2003.

BONAVIDES, Paulo. *Curso de Direito Constitucional*. 12. ed. São Paulo: Malheiros, 2002.

BORENFREUND, Georges e SOURIAC, Marie-Armelle. *Les Raports de la loi de la convention collective: une mise e perspective*. In: Droit Social, n. 1, jan., Paris: ETE, 2003, p. 72-86.

BRITO, Edvaldo. *Limites da Revisão Constitucional*. Porto Alegre: Sérgio Antônio Fabris, 1993.

CALMON DE PASSOS, José Joaquim. A Constitucionalidade dos Direitos Sociais. In: PINTO, José Augusto Rodrigues (coord.). *Noções Atuais de Direito do Trabalho*. Estudos em Homenagem ao Professor Elson Gottschalk. São Paulo: LTr, 1995, p. 76-98.

CAMARGO, Antonio Bonival. *Princípios e Ideologias Aplicadas na Relação de Emprego.* Bauru: EDIPRO, 2000.

CANOTILHO, Joaquim José Gomes. *Direito Constitucional e Teoria da Constituição.* 5. ed. Coimbra: Almedina, 2002.

_____. *Civilização do Direito Constitucional ou Constitucionalização do Direito Civil? A Eficácia dos Direitos Fundamentais na Ordem Jurídico-Civil no Contexto do Direito Pós-Moderno.* In: GRAU, Eros Roberto, e GUERRA Filho, Willis Santiago (orgs.). Direito Constitucional. Estudos em Homenagem a Paulo Bonavides. São Paulo: Malheiros, 2001. p. 108-115.

CASTRO, Mônica Neves Aguiar da Silva. *Honra, Imagem, Vida Privada e Intimidade em Colisão com Outros Direitos.* Rio de Janeiro: Renovar, 2002.

CAUPERS, João. *Os Direitos Fundamentais dos Trabalhadores e a Constituição.* Coimbra: Almedina, 1985.

DELGADO, Mauricio Godinho. *Curso de Direito do Trabalho.* São Paulo: LTr, 2002.

_____. *Direito Coletivo do Trabalho.* 2. ed. São Paulo: LTr, 2003.

DUGUIT, Pierre Marie Nicolas León. *Las Transformaciones del Derecho.* (Público y Privado). Buenos Aires: Heliasta, s/d, p. 171-262.

_____. *Fundamentos do direito.* São Paulo: Ícone, 1996.

DWORKIN, Ronald. *O Império do Direito.* São Paulo: Martins Fontes, 1999.

FACHIN, Luiz Edson. *Estatuto Jurídico do Patrimônio Mínimo.* Rio de Janeiro: Renovar, 2001.

FERRAZ JÚNIOR, Tercio Sampaio. *Interpretação e Estudos da Constituição de 1988: Aplicabilidade; Congelamento, Coisa Julgada Fiscal, Capacidade Contribuitiva, ICMS, Empresa Brasileira, Poder Constituinte Estadual, Medidas Provisórias, Justiça e Segurança, Servidor Público.* São Paulo: Atlas, 1990, p. 11-19.

_____. *Legitimidade na Constituição de 1988.* In: FERRAZ Júnior, Tercio Sampaio *et alii,* Constituição de 1988. Legitimidade, Vigência e Eficácia Suprema. São Paulo: Atlas, 1989. p. 13-58.

FERRREIRA FILHO, Manoel Gonçalves. *Do Processo Legislativo.* 3. ed. São Paulo: Saraiva, 1995.

FIUZA, César e ROBERTO, Giordano Bruno Soares. *Contratos de Adesão.* Belo Horizonte: Mandamentos, 2002.

FRANCO, Tomas Sala *et alii. Derecho del trabajo.* 9. ed., Valencia: Tirant lo Blanch Libros, 1995.

GIGLIO, Wagner Drdla. *A Conciliação nos Dissídios Individuais do Trabalho.* São Paulo: LTr, 1982.

GIL, Luis Enrique de la Villa e CUMBRE, Lourdes López. *Los Principios del Derecho del Trabajo.* Madrid: Centro de Estudios Financieros, 2003.

GOMES, Ana Virginia Moreira. *A Aplicação do Princípio Protetor no Direito do Trabalho.* São Paulo: LTr, 2001.

GOMES, Orlando. *Obrigações.* Atual. Edvaldo Brito. 16. ed. Rio de Janeiro: Forense, 2004.

_____. *Contratos.* 12. ed. Rio de Janeiro: Forense, 1990.

GONÇALVES, Luiz da Cunha. *Princípios de Direito Civil.* v. 2, São Paulo: Max Limonad, 1951.

GOTTSCHALK, Egon Felix. *Norma Pública e Privada no Direito do Trabalho.* São Paulo: Saraiva, 1944.

GRAU, Eros Roberto. *A Ordem Econômica na Constituição de 1988.* 5. ed. São Paulo: Malheiros, 2000.

HABERLE, Peter. *Hermenêutica Constitucional. A Sociedade Aberta dos Intérpretes da Constituição: Contribuição para a Interpretação Pluralista e Procedimental da Constituição*. Porto Alegre: Sérgio Fabris.

HART, Herbert L. A. *O Conceito de Direito*. 3. ed. Lisboa: Calouste Gulbenkian, 2001.

HOFFMANN, Fernando. *O Princípio da Proteção ao Trabalhador e a Atualidade Brasileira*. São Paulo: LTr, 2003.

JAVILLIER, Jean-Claude. *Manual de Direito do Trabalho*. Trad. Rita Asdine Bozaciyan. São Paulo: LTr, 1988.

KELSEN, Hans. *Teoria Pura do Direito*. São Paulo: Martins Fontes, 1999.

LACERDA, Dorval de. *A Renúncia no Direito do Trabalho*. São Paulo: Max Limonad, s/d.

LACERDA, Maurício de. *A Evolução Legislativa do Direito Social Brasileiro*. Rio de Janeiro: Nova Fronteira, 1980.

LAFER, Celso. *A Reconstrução dos Direitos Humanos*. São Paulo: Companhia das Letras, 1988.

LEITE, Carlos Henrique Bezerra. Dos Direitos Sociais aos Interesses Metaindividuais Trabalhistas. In: *Revista da Academia Nacional de Direito do Trabalho*, São Paulo: LTr, n. 10, p. 62-76, 2002.

LISBOA, Roberto Senise. *Contratos Difusos e Coletivos*. 2. ed. São Paulo: Revista dos Tribunais, 2000.

LOPEZ, Manuel Carlos Palomeque. *Direito do Trabalho e Ideologia*. Trad. Antonio Moreira. Coimbra: Almedina, 2001.

LYON-CAEN, Gérard. Tentativa de Definição de Negociação Coletiva. In: GONÇALVES, Nair Lemos, ROMITA, Arion Sayão (orgs.). *Curso de Direito do Trabalho*. São Paulo: LTr, 1983, p. 150-157.

MARÇAL, Patrícia Fontes. *Estudo Comparado do Preâmbulo da Constituição Federal do Brasil*. Rio de Janeiro: Forense, 2001.

MARQUES, Cláudia Lima. *Contratos no Código de Defesa do Consumidor*. 4. ed. São Paulo: Revista dos Tribunais, 1999.

MARTINS-COSTA, Judith. *A Boa-fé no Direito Privado. Sistema e Tópica no Processo Obrigacional*. São Paulo: Revista dos Tribunais, 1999.

_____. *Comentários ao Novo Código Civil*. v 5. T 1. Rio de Janeiro: Forense, 2003.

_____ e BRANCO, Gerson Luiz Carlos. *Diretrizes Teóricas do Novo Código Civil*. São Paulo: Saraiva, 2002.

MAZZONI, Giuliano. *Relações Coletivas de Trabalho*. Trad. Antonio Lamarca. São Paulo: Revista dos Tribunais, 1972.

MENEZES, Mauro de Azevedo. *Constituição e Reforma Trabalhista no Brasil*. Interpretação na Perspectiva dos Direitos Humanos. São Paulo: LTr, 2004.

MIRANDA, Jorge. *Manual de Direito Constitucional*. T. IV. 2. ed. Coimbra: Coimbra Editora, 1993.

MORAES, Maria Celina Bodin de. A Caminho de um Direito Civil Constitucional. In: *Revista Direito, Estado e Sociedade*. 2. ed. Rio de Janeiro: PUC, n. 1, p. 59-73, 1991.

MOTTA, Moacyr Parra. *Interpretação Constitucional sob Princípios*. Belo Horizonte: Mandamentos, 2003.

MOURA, José Barros. *A Convenção Colectiva entre as Fontes de Direito do Trabalho*. Coimbra: Almedina, 1984.

NASCIMENTO, Amauri Mascaro. Princípios do Direito do Trabalho e Direitos Fundamentais do Trabalhador. *Revista LTr,* São Paulo: LTr, 67 v., n. 08, p. 903-916, 2003.

NEGREIROS, Teresa. *Teoria do Contrato. Novos Paradigmas.* Rio de Janeiro: Renovar, 2002.

_____. *Fundamentos para uma Interpretação Constitucional do Princípio da Boa-fé.* Rio de Janeiro: Renovar, 1998.

NOVAIS, Jorge Reis. *As Restrições aos Direitos Fundamentais não Expressamente Autorizadas pela Constituição.* Coimbra: Coimbra, 2003.

PINTO, José Augusto Rodrigues. *Direito Sindical e Coletivo do Trabalho.* São Paulo: LTr, 1998.

PIOVESAN, Flávia. *Direitos Humanos e o Direito Constitucional Internacional.* 5. ed. São Paulo: Max Limonad, 2002.

QUINTANA, Margarita Isabel Ramos. *La Garantía de los Derechos de los Trabajadores.* Inderogabilidad e Indisponibilidad. Valladolid: Lex Nova, 2002.

ROBORTELLA, Luiz Carlos Amorim. *Prevalência da Negociação Coletiva sobre a Lei.* In: FREDIANI, Yone *et alii* (Coords.). O Direito do Trabalho na Sociedade Contemporânea. São Paulo: Editora Jurídica Brasileira, 2001, p. 62-76.

RODRIGUEZ, Américo Plá. *Princípios de Direito do Trabalho.* 3. ed. 3. tiragem. São Paulo: LTr, 2004.

RÜDIGER, Dorothee Susanne. *O Contrato Coletivo no Direito Privado.* Contribuições do Direito do Trabalho para a Teoria Geral do Contrato. São Paulo: LTr, 1999.

RUPRECHT, Alfredo J. *Os Princípios do Direito do Trabalho.* Trad. Edilson Alkimin Cunha. São Paulo: LTr, 1995.

_____. *A Negociação Coletiva.* In: GONÇALVES, Nair Lemos e ROMITA, Arion Sayão (orgs.). *Curso de Direito do Trabalho.* São Paulo: LTr, 1983, p. 139-149.

SANTORO-PASSARELLI, Francesco. *Noções de Direito do Trabalho.* Trad. Mozart Victor Russomano e Carlos Alberto Gomes Chiarelli. São Paulo: Revista dos Tribunais, 1973.

SANTOS, Antonio Jeová. *Função Social, Lesão e Onerosidade Excessiva nos Contratos.* São Paulo: Método, 2002.

SARLET, Ingo Wolfgang. *A Eficácia dos Direitos Fundamentais.* Porto Alegre: Livraria do Advogado, 1998.

SARMENTO, Daniel. *Ponderação de Interesses na Constituição Federal.* Rio de Janeiro: Lumen Juris, 2002.

SESSAREGO, Carlos Fernández. Abuso del Derecho. Buenos Aires: Astrea, 1992.

SILVA, Antônio Álvares da. *Convenção Coletiva do Trabalho Perante o Direito Alemão.* Rio de Janeiro: Forense, 1981.

_____. *Flexibilização das Relações de Trabalho.* São Paulo: LTr, 2002.

_____. A Convenção Coletiva como Instituto Central do Direito Coletivo do Trabalho. In: GONÇALVES, Nair Lemos e ROMITA, Arion Sayão (orgs.). *Curso de Direito do Trabalho.* São Paulo: LTr, 1983. p. 158-184.

SILVA, José Afonso. *Aplicabilidade das Normas Constitucionais.* 6. ed. São Paulo: Malheiros, 2002.

SILVA, Luiz de Pinho Pedreira da. *Principiologia de Direito do Trabalho.* Salvador: Gráfica Contraste, 1996.

STRECK, Lenio Luiz. *Hermenêutica Jurídica e(m) Crise.* Porto Alegre: Livraria do Advogado, 2003

SUPIOT, Alain. *Crítica del Derecho del Trabajo.* José Luis Gil y Gil (trad. esp.). Madrid: Ministerio de Trabajo y Asuntos Sociales, 1996.

_____. Un faux dilemme: la loi ou le contrat? In: *Droit Social,* n. 1, jan., Paris: ETE, 2003. p. 59-71

SÜSSEKIND, Arnaldo *et alii. Instituições de Direito do Trabalho.* 11 ed. v 2. São Paulo: LTr, 1991.

TEIXEIRA Filho, João de Lima. Princípios da Negociação Coletiva. In: NASCIMENTO, Amauri Mascaro e SILVESTRE, Rita Maria (coords.). *Os Novos Paradigmas do Direito do Trabalho.* São Paulo: Saraiva, 2001, p. 105-128.

TORRES, Ricardo Lobo. O Mínimo Existencial e os Direitos Fundamentais. *Revista de Direito Administrativo,* Rio de Janeiro, n. 177, 1989, p. 29-49.

VELLOSO, Caio Mário da Silva. *A Delegação Legislativa — A Legislação por Associações.* In: *Temas de Direito Público.* Belo Horizonte: Del Rey, 1994, p. 399-418.

VIANA, Rui Geraldo Camargo. O Direito à Moradia. *Revista de Direito Privado,* São Paulo, n. 2, 2000. p. 9-16.

ZACHERT, Ulrich. *Lecciones de Derecho del Trabajo Alemán.* Trad. esp. Fernando Martinez Rodríguez e Natividad Mendoza Navas. Madrid: Ministerio de Trabajo y Asuntos Sociales, 1998.